어느 평신도의 책읽기

어느 평신도의 책읽기

뼛속까지 크리스천인 그녀가 사사롭게 적어간 독서노트

맹성숙 지음

프롤로그

크리스천의 책읽기, 왜 중요할까

우리가 문학 작품을 읽어야 하는 이유가 무엇인가, 앎에 대한
욕망이 있기 때문이다. 앎에 대한 욕망은 남의 글을 읽게 만든다.
남의 이야기나 감정 토로는 하나의 전범으로 그에게
작용하며 그는 거기에 저항하거나 순응하게 된다.

김현 《행복한 책읽기》 문학과지성사 79쪽

《기독교 세계관과 현대사상》으로 유명한 제임스 사이어는《어
떻게 천천히 읽을 것인가》에서 크리스천의 책읽기에 대한 생각을
다음과 같이 밝히고 있다.

"《성경》을 읽을 때는 하나님께서 알려 주고 싶어 하시는 것을
찾아가며 읽는다.《성경》을 읽을 때 하나님께서 우리가 알기를 원
하시는 것을 읽는다. 크리스천은 다른 문학작품을 비평하면서 '성
경적 시각'을 자신의 관점으로 망설임 없이 차용한다. 반면에 비
판적으로《성경》을 읽을 때는 비판적인 자세를 갖고 연구하여 우
리에게 거기에 두신 것들을 찾아 낼 수 있도록 훈련하게 한다. 어
떤 책의 내용을 통해 믿음이 도전을 받게 되면 하나님께서 그러
한 도전을 만나게 하신 것이라고 확신해도 좋다. 하나님의 말씀

을 더 많이 연구하고 우리를 위해 거기에 두신 것들을 찾아낼 수 있도록 훈련하면서 말이다(…) 크리스천은 세속적인 지식을 우매하다고 거부할 것이 아니라 하나님의 진리 외에 진리가 없음을 알지만 올바른 것이라면 무엇이든 배우기를 두려워해서는 안 된다. 진리처럼 위장한 오류는 심각한 문제이지만 그러나 다른 세계관과 접해서 논제를 분석하는 법을 배우지 못한다면 오류를 인식하는 법을 결단코 배울 수 없을 것이다. 이를 위해 선행되어야 할 최고의 방어책이 《성경》공부 즉 진리에 대한 지식이다.

'성경적 세계관'의 원리가 드러나면 책을 읽으면서 접하는 '모든 세계관'을 평가할 수 있는 '기준 세계관'에 익숙해질 것이다. (…)《성경》이 못하시는 일이 하나 있다. 바로 지성(mind)을 훼손하는 일이다. 《성경》은 반지성적이지 않다. 오히려 마땅히 알아야 할 것들을 알아야 하고 정확하게 생각해야 하며 한 점 오류 없이 정밀하게 사고할 수 없는 이유를 알아야 한다." 제임스 사이어 《어떻게 천천히 읽을 것인가》 (IVP) pp. 204~208

《성경》은 지성을 훼손하지 않는다는 제임스 사이어의 말은 크리스천으로서 다른 세계관을 공부하고 믿음의 도전을 받으면서 하나님이 알려주시고자 하는 것들을 찾아내도록 훈련하자는 것을 말한다. 크리스천의 책읽기가 왜 중요한지 핵심을 짚은 말이다. 독서를 통해 '성경적 세계관'이 더욱 확립되고 믿음의 지평과 생각이 확장될 것이다.

여기 소개한 책들은 1996년부터 최근까지 기록한 독서노트에서 기독교적 관점으로 읽었던 책들을 주제에 따라 분류한 것이다. 특별히 '성경적 관점'이라는 기준을 선정한 이유는 자칭 뼛속까지 크리스천이기 때문이다. 일주일에 한두 번은 꼭 광화문을 찾는다. 서점에 가기 위해서다. 인문이건 문학이건 다른 봐야 할 책 때문에 간다 해도 내 시선이 가장 먼저 꽂히는 곳은 언제나 기독교서적 코너. 그러나 기독교서적 판매대에서 서성이다보면 늘 허전함이 자리 잡는다. 외국 번역서들과 유명 목회자들에 의해 기독교 출판문화가 근근이 유지되는 것 같아 안타까움이 앞선다. 그것도 베스트셀러가 설교집이라는 사실은 더더욱 안타깝다. 크리스천이 향유하며 마땅히 창작해야 하는 기독교문화가 부재하는, 아니 존재한다고 믿지만 실상은 존재하지 않는 현실. 기독교 출판문화가 아쉽다. 안타깝고 아프다. 목회자만이 아니라 평신도들도 기독교문화를 창작하고 향유하여 세상 속에 기독교문화를 확산시켰으면 한다. 크리스천이라면 누구나 기독교문화의 주체적 창조자가 될 수 있고 또 되어야 하기 때문이다.

이러한 안타까움을 갖고 사사롭게 적어간 독서노트를 부끄러움을 무릅쓰고 내놓는다. 이 책을 낼 수 있도록 맨발 무방비로 책 속 골방으로 도망치게 했던 무수한 날들의 눈물과 가시에게 고마움을 전한다.

2017년 8월 맹성숙

차례

더불어 사는 삶, 장애인과 비장애인의 아름다운 예그리나 ‡ 189

길 위에서 인생을 발견하다 ‡ 195

문학의 힘,
사람살이 사람마음 웅숭깊게 느끼기

윤동주

《하늘과 바람과 별과 시》(더스토리, 2016)

1945년 8월 15일 해방 6개월 전인 2월 16일, 윤동주는 후쿠오카 형무소에서 고독 속에 피를 토하며 죽어갔다. 나는 꽃망울 시샘하는 올 해 초봄 이준익 감독의 흑백영화 〈동주〉에서 그를 세 번 마주했다. 윤동주 서거 71주년을 맞이해 개봉한 영화다. 윤동주는 우리나라 사람들에게 널리 사랑받는 시인이다. 윤동주는 1917년 만주 북간도 용정에서 태어나 1935년 조선으로 건너와 숭실중학교와 광명중학교를 거쳐 연희전문학교에서 공부했다. 1942년 일본으로 유학을 떠났으나 다음해에 고종사촌 송몽규와 함께 치안유지법 위반으로 체포되었다. 두 사람은 1944년 독립운동을 획책한 사상범으로 유죄판결을 받고 후쿠오카 형무소에 투옥되었으며, 윤동주는 다음해인 1945년 2월 16일 끝내 사망했다.

그의 이름에는 언제나 저항시인이란 말이 따라붙는다. 그의 존재 자체와 문학이 몸과 영혼을 순결한 시어로 불태우며 암흑기를 살아냈기 때문이다. 문학평론가 김응교는 윤동주를 디아스포라 시인, 한번도 그의 삶에서 독립국가 국민으로 살아본 적이 없었고 정착하지 못한 유랑 시인, 유리하는 시인이라 했다. 영화 〈동주〉에서는 암흑기에도 시작(詩作)을 포기하지 않았던 윤동주의 삶과 죽음을 보여줌으로써 시대의 문제에 침묵하는 현대인들에게 '과연 우리는 부끄러움을 아는 자로서 시대를 살고 있을까'라는 질문을 던지고 있다.

폴 발레리는 시란 물리학자가 '순수한 물'이라고 할 때의 그 '순수'를 지녀야 하며 음악을 듣고 우리의 신경조직이 반응하는 것과 같은 효과의 절대성을 추구해야 한다고 했다. 그러나 시의 순수, 사회 역사적 현실을 외면한 채 단지 개인의 삶에서 강한 밀도를 지닌 서정성에만 본질을 두고 아름다운 작품에 몰두하는 시를 진정한 시라 할 수 있을까? 시인은 과연 지성이나 모럴에 초연할 수 있을까? 문학의 순수성에 대한 갈망과 그와 대립적인 참여문학은 일제 강점기나 군부독재시절 한국문학계에서 논쟁의 핵심이었다.

영화 〈동주〉에서도 윤동주와 송몽규의 문학적 대립각은 문학의 순수성과 도구로서의 문학이었다. 톨스토이의 《부활》에서 네플르도프에게 속죄양이 된 카투사처럼 송몽규에겐 연애도 문학도 사회 변혁을 위한 도구일 뿐임을 영화 속에서 보여준다. 그러나 윤동주에게 문학이나 사랑은 '순수' 그 자체다. 그의 '순수'는 송몽규가 말한 참여의 반대 개념인 문학으로 도피하는 '비겁한 순수'가 아니라 '기독교적 신앙에 입각한 순수'이다.

윤동주는 '죽는 날까지 하늘을 우러러 한 점 부끄럼이 없기를' '잎새에 이는 바람에도 괴로워'하며 '별을 노래하는 마음으로 모든 죽어가는 것을 사랑'하며 밤이면 밤마다 손바닥으로 발바닥으로 양심을 닦아내는 순결한 크리스천이었다. 그러기에 자기 자신에 대한 애증과 연민, 갈등을 시로 승화시켜 어둠의 시대에 그렇게 영롱한 시를 쓸 수 있었고 깨끗한 시심(詩心)을 지닐 수 있었나보다. 순결하고 정제된 은처럼 어두운 일본 제국주의의 잔학한 압제도 그의 맑은 시심을 더럽힐 수 없었다. 깊은 자의식, 그리고 자책과 회한, 일본 유학을 위해 한 개명은 계속 붙어 다니며 그를 힘들게 한 부끄러움이었다. 그 부끄러움은 단순히 일본식 이름이 아닌, 당시 천대받던 조선 민족의 아들이라는 이름을 슬퍼한 까닭이다.

얼마 전, 후쿠오카에서 '윤동주의 시를 읽는 모임'이라는 순수 민간단체가 활동 중이라는 신문 기사를 읽었다. 학생, 주부, 기자, 화가 등 다양한 직업을 가진 스무 명 남짓한 회원들이 한 달에 한 번씩 만나 그의 시를 읽고 서로의 의견을 주고받으며 공부한다고 한다. 이 모임은 후쿠오카 대학에서 한국어를 가르치는 니시오카 겐지 교수가 이끌고 있다. 한국문학을 공부한 그는 한국에서 십삼 년간 체류하고 1994년 후쿠오카로 돌아가 이 모임을 만들었단다. 그는 이 모임을 만든 이유를 "윤동주가 후쿠오카에서 죽어서가 아니라 그가 식민지 현실을 정면으로 응시하면서도 그에 그치지 않고 인간 보편의 이상과 희망을 노래했기 때문"이라고 했다.

그러나 나에게 윤동주는 민족의 어둠을 밝히며 희망과 양심을 노래한 저항시인으로서의 모습이 더 강렬하게 다가온다. 그의 평생 버팀목이었던 신앙은 순절 의지와 구원에 대한 희망을 퍼 올리는 역할을 했다. 그의 삶과 시의 어우러짐은 시로는 세상을 바꾸지 못한다거나 어려운 시대에 시가 저항의 도구로 적합하지 않다거나 혹은 혁명의 도구로 사용되기에 부족하다는 편견을 깨뜨렸다. 그는 시로서 시대의 아픔을 충분히 표현했고 부끄럽지 않은 삶을 살고 싶었지만 부끄러운 삶을 살 수밖에 없었던 시대의 비극을 표현해냈다. 그의 삶은 마치 포로의 땅에서 민족을 향한 하나님의 안타까움과 사랑을 상징행위를 통해 처절하게 몸으로 체휼하며 예루살렘의 회복을 꿈꾸던 에스겔을 떠올리게 한다. 일제강점기든, 에스겔이 살아낸 포로의 시대든, 현 시대든 흑암을 밀어내고 결핍을 채우는 순결한 양심과 빛에 대한 여망은 다르지 않을 것이다.

쉽게 씌어진 시

창(窓) 밖에 밤비가 속살거려
육첩방(六疊房)은 남의 나라,

시인(詩人)이란 슬픈 천명(天命)인 줄 알면서도
한 줄 시(詩)를 적어 볼까.

어느 평신도의 책읽기

땀내와 사랑내 포근히 품긴
보내주신 학비(學費) 봉투(封套)를 받아
대학(大學) 노-트를 끼고
늙은 교수(敎授)의 강의(講義) 들으러 간다.

생각해 보면 어린 때 동무를
하나, 둘, 죄다 잃어버리고

나는 무얼 바라
나는 다만, 홀로 침전(沈澱)하는 것일까?

인생(人生)은 살기 어렵다는데
시(詩)가 이렇게 쉽게 씌어지는 것은
부끄러운 일이다.

육첩방(六疊房)은 남의 나라
창(窓) 밖에 밤비가 속살거리는데

등불을 밝혀 어둠을 조금 내몰고
시대(時代)처럼 올 아침을 기다리는 최후(最後)의 나,

나는 나에게 적은 손을 내밀어
눈물과 위안(慰安)으로 잡는 최초(最初)의 악수(握手).

박두진

《시인의 고향》《폭양에 무릎 꿇고》(홍성사, 1995)

감정을 운율에 담아 표현하는 '시', 《성경》에서도 시는 산문보다 더 깊은 감동을 주기도 한다. 이스라엘 백성들이 홍해를 건널 때의 모습이 장엄하고 웅장한 교향곡처럼 느껴지지만 감동의 극치를 느낄 수 있는 부분은 홍해를 건넌 뒤에 모세와 이스라엘 백성이 부른 시(노래)가 아닐까 한다. 혜산 박두진 시인은 한국 기독교 문학의 자부심이다. 그는 암울한 시대, 해방은 아스라하고 수많은 작가들이 붓을 꺾던 일제 강점기 때부터 1998년 9월 16일 82세로 타계하기까지 세상의 명성을 좇지 않고 기독교적인 이상과 윤리의식을 바탕으로 한 자연의 세계를 시문학으로 승화시켰다.

1940년 《문장文章》을 통해 등단하면서 '만일 시로 하나님께 영광을 돌릴 수 있다면 일생을 도우셔서 이 길로 나가게 하소서'라는 기도를 했단다. 1946년, 박목월, 조지훈과 함께 시집 《청록집》을 내면서부터 '청록파'라는 별명이 붙게 되었는데 박두진 시인은 '청록파'보다는 '기독교 시인'으로 불리기를 더 좋아했다. 주로 자연에 대한 시를 썼으나, 6.25전쟁과 4.19를 거치면서 사회의 부조리에 대항하는 시를 쓰기도 했다.

또한 5.16군사 쿠데타를 공격하는 글을 써 구속당하기도 했고, 그 후 한일협정 반대운동에 참여해 수형생활도 했다. 수감 중에도 항상 《성경》을 끼고 다녀 간수들 사이에서 별명이 '성경'이었다고 한다. 이후 《사도행전》《예레미야의 노래》 등의 시집을 통해 신앙과 삶이 일치된 이상세계를 표현하기 시작했다. 선생이 평생 지은 시는 천여 편이며 삼십여 권의 시집과 평론, 수필을 담은 산문집 일곱 권이다. 혜산의 생애와 시에 대한 태도, 신앙에 대한 갈망을 잘 들여다 볼 수 있는 산문집 《시인의 고향》(홍성사), 시집 《나 여기 있나이다》(홍성사), 《폭양에 무릎 꿇고》(두란노), 유고시집 《당신의 사랑 앞에》(홍성사)를 읽었다.

박두진 시인은 시의 궁극적 목표를 하나님 나라의 완성에 두어야 한다고 말한다. 시의 생명력과 가치가 이에 있음을 강조하고 있다. 또한 자신이 이때껏 쓴 신앙시를 모두 합친다 해도 다윗의 짧은 시 '여호와는 나의 목자시니'(시편 23편)의 그 깊이와 넓이와 단맛에 멀리 미치지도 못할 것이라며, 자신이 시를 써서 하나님께 영광을 돌린다는 일이 어느 때 성취될 것인지 늘 두려워하고 부끄러워했다. '내가 참말로 시인일 수 있을까? 이렇게 나처럼 쓰는 것이 과연 시다운 시일 수 있을까?'라는 질문을 스스로에게 던지며 담담한 겸허와 하나님을 높이는 시인으로서의 긍지가 늘 균형을 이루었다.

그러기에 선생은 처음 신앙생활의 신조와 현세적이고 인간적이고 감각적인 시를 쓰는 일이 일치되지 않아 시에 몰두하는 것이 마치 죄를 짓는 일처럼 느껴지기도 했다고 고백했다. 마침내 선생은 무릎을 꿇고 기도함으로써 오직 하나님께만 영광이 되는 시를 쓰겠다는 인생의 목표를 확실히 정했다고 한다. 별세하기 전까지 부인 이희성 권사와 함께 매일 《성경》을 읽고, 손잡고 기도하며 가정예배를 드렸다.

혜산의 유명한 산문시 '해야 솟아라 해야 솟아라 말갛게 씻은 얼굴 고운 해야 솟아라'로 시작되는 산문시 '해'는 8.15해방의 기쁨과 감격을 '해'에 빗대어 표현했다. 눈물 같은 골짜기의 어둠이 싫어서 그 어둠을 살라먹고 뜨는 '해', 그 햇덩이처럼 밝고 뜨겁게 하나님을 사랑했던 시인의 작품 중 한 편만을 옮겨본다.

나 여기에 있나이다 주여

나 여기에 있나이다 주여
바람에 불리우는 밤의 이 작은 촛불
혼자서는 이 한밤 서서 타기 어려운
너무 짙은 어둠을 물러가게 하소서.

나 여기에 있나이다 주여
파도에 덮치우는 밤의 이 작은 쪽배
혼자서는 이 풍랑 헤쳐가기 어려운
너무 미친 이 파도를 잔잔하게 하소서.

불길이게 하소서 차라리
지직지직 타는 불길 밤을 불질러
저 덧쌓이는 악의 섶을 불사르게 하소서.
어둠이란 어둠을 다 불사르게 하소서.

파도이게 하소서 차라리

가라앉아 햇볕에 일렁이다가도

일어서서 허옇게 밀고 가는 노도

일체 악을 말살하는 노도이게 하소서.

홍윤숙
《나의 바다에 섬 하나》(기독지혜사, 1992)

"믿는다는 것은 인식이고 인식 이상이며 느낌이고 의지이며 또 그들 이상이다. 믿음은 존재론적 직관이다. 그러므로 믿는다는 것은 사유이며 환희이다. 동시에 불안이며 결단이다. 믿는다는 것은 죽는 날까지 격동하는 우리 영혼의 편력이다. 이 여로에 어찌 노래가 없으랴. 어찌 시가 없으랴. 그리하여 믿음은 필연적으로 시와 조우한다. 시는 우리 감수성의 원형이고 우리 직관의 기록이며 실험이기 때문이다. 지금 이 시간도 믿는다는 것, 그 흔들리는 영혼의 여로를 걷는 그대에게 이 시들을 드린다."

위 글은 1988년 기독지혜사에서 홍윤숙, 장수철, 석용원, 김지향, 밀턴, 단테 등 국내외 신앙 시집을 펴내면서 밝힌 기획의 도이다. 이 글처럼 인생의 항로에서 크리스천이기 때문에 부딪히고 만나야 하는 폭풍과 고뇌 앞에서 문학은 내게 힘과 위로가 되어주었다. 폭풍의 심장을 가진 20대에 홍윤숙의 시를 만난 것은 내게 축복이었다. 문학이 세상을 구원할 수 있다고 여겼던 20대부터 예수 그리스도만이 이 세상의 유일한 구원임을 믿는 지금까지 여전히 힘이 되어주었다. 〈나의 바다에 섬 하나〉는 비록 현재의 삶이 눈물로 출렁이고 풍랑의 바다를 표류하고 선체마저 부서진다 해도 주님 품 같은 기슭에 뉘어주는 은혜에 기대게 해준다. 모든 게 끝났다고 하는 절망의 시간에는 '뭍으로 가는 길도 잃지 않게' 하신다는 약속과 확신을 주는 시다. 이 시를 읊조리면 폭풍 같은 마음이 잔잔해지고 정돈되고 다시 시작할 힘이 마음에 차오른다. 고단한 영혼이 쉼을 얻고 참아낼 힘을 얻는다.

나의 바다에 섬 하나

나의 바다엔
움직이는 섬 하나 떠 있나니
바람과 파도소리 음악처럼 흐르는
신비한 섬 하나 불을 켜고 있나니
맑은 하늘 개인 날엔
멀리서 가물가물 보이지 않다가
흐린 날 비바람 치는 날이면
보름달 만월처럼 가까이 다가와
부드러운 손으로 나를 부르나니
부끄러운 말이지만 나의 바다엔
때 없이 몰아치는 태풍과 해일
쓸쓸한 일식의 어두운 허기들이

많은 날을 눈물로 출렁이게 하고
돛대 없는 배 하나
나침반도 海圖(해도)도 잃어버리고
풍랑의 바다를 표류하지만
그때마다 섬은 어디선가 만월처럼 다가와
부서진 선체 기슭에 뉘어주고
부드러운 가슴 열어 쉬게 하나니
그리고 다시 어두운 핏속에
나비 비들기 떼지어 날고
장미 민들레도 피어나게 하나니
피어나 새벽의 모반을 기도하고
미망의 바다로 탈출하나니
나의 바다에 그 숨은 섬 하나 있어
뭍으로 가는 길도 잃지 않나니

시인은 어떻게 이렇듯 영성 깊은 시를 쓸 수가 있었을까. "그가 나를 푸른 풀밭에 누이시며 쉴 만한 물 가로 인도하시는도다 … 내 평생에 선하심과 인자하심이 반드시 나를 따르리니 내가 여호와의 집에 영원히 살리로다"(시23:2,6) "광풍을 고요하게 하사 물결도 잔잔하게 하시는도다. 그들이 평온함으로 말미암아 기뻐하는 중에 여호와께서 그들이 바라는 항구로 인도하시는도다"(시137:29~30) 같은 〈시편〉의 시들을 깊이 묵상하지 않았을까.

시인은 2015년 90세로 별세했다. 홍윤숙 시인의 시집을 만난

지 27년이라는 세월이 흘렀다. 직접 만나 뵌 적은 없고 시로 그분을 처음 만난 그때부터 지금까지 오래 깃들고 싶고 머물고 싶은 둥지이자 그늘이었다. 방향을 잃고 헤맬 때마다 나침반이 되어주었다. 시집은 낡고 빛은 바랬지만 여전히 펼쳐 읽을 때마다 거친 마음이 잦아들고 주님에 대한 사랑이 웅숭깊어지며, 솟구치던 자만은 나지막한 산등성이처럼 동그래진다. 시 한 수가 오랜 세월 내 곁에서 나직이 다독여주는 벗이자 고민하는 기독교 문학과 문화의 스승이 되어준 것이 감사하다.

고진하
《시 읽어주는 예수》(비채, 2015)
시인이 읽어주는 시 이야기책이다. 한 장 한 장 넘길 때마다 넘기기조차 아까워하며 소중한 마음으로 품에 품고 조금씩 읽었다. 특별히 '기탄잘리'에 대한 시 해석이 탁월하다.

찬미와 노래와 기도를 내버려두세요. 문마저 모두 닫힌 이 사원의 외롭고 어두운 구석에서, 당신은 누구를 예배하는 것입니까. 당신의 신은 당신 앞에 없다는 것을 눈을 뜨고 보세요. (…) 구원이라고요? 이 구원을 어디서 찾을 수 있다는 말입니까? 당신의 명상에서 뛰쳐나와 꽃과 향수를 멀리하세요. 당신의 옷이 해어지고 더러워진들 무슨 거리낌이 있겠습니까? 당신의 이마에 흐르는 땀과 노역 속에 신을 만나 그 곁에 서십시오.(174쪽)
너나없이 많은 종교인들이 엿새 동안은 자기 욕망의 부추김에 따라 세속적으로 살다 거룩한 날 거룩한 장소를 찾아가 불안한 영혼을 달래고 자기를 괴롭히는 죄의식을 덜어내는 일을 반복한다. 그리하여 그것이 하나의 타성으로 고착되면 그런 종교적 행위가 곧 신을 모신 성스러운 삶이라는 착각 속에 살아간다. 자신의 심장을 뛰게 만들고 피를 끓게 하는 생생한 삶의 문제는 도외시한 채 삶을 공들여 만지는 예민한 촉수를 지닌 시인은 이런 나이브한 우리의 낡은 관념에 메스를 들이댄다.(176쪽)

책 전체에 흐르는 고진하 시인의 탁월한 해설은 얼마나 아름다운지 독자를 전율케 한다. 고진하의 글을 읽고 있으면 그동안 내가 읽어온 무수한 책들, 내가 쓴 글들이 얼마나 못난 것들의 모음이었는지, 거짓이었는지를 각성하게 한다. 순결한 언어로 해석한 그의 글은 하나님의 거룩한 빛 앞에서 감출 수 없고 드러내지 못할 것이 없는 민낯 자체로 인식된다. 정말 소중한 마음으로 이 책의 한 장 한 장을 읽어 내려갔다. 견딜 수 없는 숨 막히는 문체와 표현이 놀랍고 시의 선별과 해석이 위대하다. 이 책을 읽는 내내 몇 번이고 울컥거리며 눈물을 머금고 책장을 넘겼다. 우리나라에서 흔치 않는 '글 잘 쓰는 그리스도인'이다.

예수님은 저 척박한 유대 땅에 피어난 한 송이 우주의 꽃이었다고 시인은 말한다. 우리 또한 시를 통해 잃어버린 낙원을 회복하고 아름다운 시의 메아리에 귀기울이면 무엇과도 비교할 수 없는 한 송이 우주의 꽃임을 깨닫게 된다고 한다. 에필로그에서 소개한 자신의 시에서 '맑은 하늘이 내리시는 상쾌한 기운이 그대의 온몸을 감쌀 때 그대의 길을 떠나라.' 얼마나 탁월한가. '그대의 존재가 이루지 못한 욕망의 진흙탕일 때 불면으로 잠 못 이루는 그대의 밤이 사랑의 그믐일 때 아직 길을 떠나지 말라 …' 그래, 어쩌면 나는 아직 길을 떠날 때가 아닌 것 같다.

조성기

《야훼의 밤》1,2 (홍성사, 2002)

대학시절에 읽었던 이 책은 한 크리스천이 젊은 날의 방황과 신앙 속에서 바로 세워져가는 고뇌를 다루고 있다. 고려원에서 출간되었을 때 총 세 권이었는데 홍성사에서 2002년 재출간되면서 1,2권 각 상하권으로 나눠 총 4권, 2014년에는 한 권으로 재출간되었다. 주인공 성민이 현실에서 겪는 삶과 신앙과의 괴리감이나 깊은 갈등은 크리스천 젊은이라면 누구라도 만나는 갈등일 것이다.

이 책의 앞부분에 주된 스토리인 성민의 이성문제는 이성문제로 국한되는 것이 아니라 자기 인생을 깊은 곳으로 이끌기 위한 '단계로서의 갈등'이라고 보는 것이 적합할 듯하다. 뒷부분에 주된 스토리인 양면적인 성격(강력한 리더십을 발휘하면서도 부드럽고 섬세한 면을 지닌)의 민식 형제와 겪는 갈등 역시 그렇다. 신학생의 고뇌와 갈등을 그리고 있지만 신학생 개인의 갈등뿐만 아니라 개인과 사회의 아픔을 부둥켜안고 이러지도 저러지도 못한 채 방황하는 한 젊은이를 통해서 깨달음의 과정, 그 여정을 보여주는 성장소설이다.

작가는 '의식있는 개인' 즉 신앙의 주체성, 신앙의 개인성을 강조한다. 또한 사회와 신앙공동체의 비합리적인 면들, 모순을 이야기 한다. 그렇지만 작가가 이야기하고 싶은 것은 성민이라는 한 크리스천의 갈등과 해결과정을 통해 어떻게 해서든 크리스천으로서 든든히 서게 되는 과정이다. 결국 신앙의 문제나 삶의 현실 문제는 '나는 무엇인가?' '나는 하나님 앞에서 누구인가?'의 문제일 것이다.

아름다운 이름 예수, 더 깊이 사귀기

복음서를 읽다보면 갈릴리 바다의 그 비릿한 냄새가 나는 듯했다. 간음한 여인에게 분노하는 사람들 앞에서 조용히 땅바닥에 글을 쓰는 예수님의 숨 막힐 듯한 침묵의 무게가 느껴지는 듯도 했다. 어려서부터 들어온 예수님 이야기는 즐거웠다. 특히 오병이어 이야기는 아무리 들어도 좋고, 풍성하고, 행복한 이야기였다.

살얼음 빙판 위를 걸어오시네
피 묻은 흰 옷자락 드리우시고
어둡고 가난한 이 땅
삼천 리 강산 위를
생피로 화안히
불 밝히시고
진달래 꽃길 위를 걸어오시네

김소엽 시인의 시 〈이 땅에 오신 예수〉는 맑은 시어의 창문을 통해 예수님을 눈앞에 또렷이 보여준다. '진달래 꽃길 위' 얼어 붙어 있던 죽음의 땅속에 생명의 비밀을 간직해 두었다가 연둣빛

잎사귀가 터뜨리고 나오기도 전에 서둘러 피어나는 붉은빛 진달래 꽃, 예수님의 고난과 보혈의 피, 부활을 생각나게 한다. 그러나 예수님의 행적을 지나치게 미혹하는 책도 많이 있다. 《성경》(정경)에 끼지 못하는 외경이나 위경을 전제해서 쓴 책들로 비위생적인 책, 공해와도 같은 책들이다. 검증되지 않은 온갖 잡다한 사상들이 혼잡한 시대에, 순결한 시의 언어로 영혼의 창을 정결하게 하는 이 시는 감사하다. 다음은 주님의 고난을 묵상하는 사순절에 읽었던 책들이다.

필립 얀시
《내가 알지 못했던 예수》(IVP, 2012)

복음을 다치지 않게 하면서도 예수님을 깊이 있게 소개하는 영적인 책을 읽으면서 예수님에 대한 섬세한 관찰과 사랑 때문에 가슴이 설렜다. 마치 빛이 있을 듯 없을 듯한 어슴푸레한 시간에 도무지 사람이 걸어가는 것인지, 나무가 걸어 다니는 것인지 불확실하게 보이다가, 예수님을 만나 분명하고 완전한 시력을 찾은 것 같은 느낌이랄까. 실로암에서 눈이 떠지는 듯한 책이다.

얀시는 이 책을 쓰면서 고미술품을 복원하는 화가의 심정으로 몇 겹의 먼지 아래 숨어 있던 원본 그림을 찾아내는 경외심으로 예수님을 찾아갔다고 한다. 1부, 그는 누구였는가. 2부, 그는 왜 왔는가. 3부, 그는 무엇을 남겼는가. 크게 세 부분으로 나누어 탄생, 가르침과 기적들, 죽음, 부활 등 이 땅에서의 생애를 다루었다. 복음서에 소개된 예수님의 생애를 다양하게 조명해 보는 작가의 섬세한 손놀림을 알게 되었다. 한 예로 들뜬 분위기의 성탄절은 작아지고 작아져서 마침내 하나의 난세포로 작아지는 형태로 이야기 한다. 즉 마리아의 품을 유일한 피난처로 삼고 그녀에게서 음식과 사랑을 공급받아야 하는 연약한 아기로 오신 하나님의 겸손함을 얘기해 주고 있다.

또한 예수께서 베들레헴에서 맞은 첫날밤, 아버지 하나님은 그날 밤 어떤 심정이셨을까, 정말 아기 예수님은 우시지 않으셨을까, 인간이 되신 예수님이 한 번도 사용해 보지 않은 '폐'로 어떻게든 숨을 쉬어보려고 분투하는 여느 아기와 같이 우렁찬 울음을 우시지 않았을까? 이 책 전체에 흐르는 이런 관찰은 우리들이 성화나 문학작품, 영화 속에서 소개된 이미 길들여진 예수님이 아니다. 아무런 수고도 애씀도 없이 문화 속에서 희석되어진 예수님이 아니라 '원석' 그대로의 예수님을 만나게 한다. 얀시는 이 책을 쓰면서 믿음이 견고해짐을 느꼈다고 고백한다. 이전에 알고 있던 예수님이 아니라 '알지 못했던' 부분을 탐구해 나감으로써 예수님에 대해 많은 것을 얘기할 수 있게 한다.

이 책과 함께 읽으면 좋은 책은 이만재의 《인간으로 오신 예수》(두란노)다. 예수님의 일생을 예언과 탄생부터 부활까지 생생하게 엮어가고 있다. 예수님을 더 가깝게 느끼게 해 준다. 또한 십자가를 깊이 묵상할 수 있게 해주는 제시 펜 루이스의 《십자가의 도》(두란노) 역시 좋다.

내 주님 입으신 그 옷은 참 아름다워라. 그 향기 내 맘에 사무

쳐 내 기쁨되도다.(찬송가 87장)

옥타비우스 윈슬로우

《십자가 아래서》(지평서원, 2008)
눈과 얼음의 틈새를 뚫고
가장 먼저 밀어 올리는 들꽃,
그게 너였으면 좋겠다.

곽효환 〈얼음새꽃〉

어느 겨울 광화문 교보빌딩에 나붙었던 시다. 하늘도 얼어붙던 겨울 골짜기에서 이 시를 만났다. 차디찬 계절 한가운데서 생명을 환하게 틔우는 들꽃의 위대한 생명력이 그리웠다. 십자가를 달리 표현한다면 얼음새꽃(복수초)처럼 희망 없는 세상과 죽음에서 우리를 살리신 강력한 생명이 아닐까. 십자가에 대한 유명한 책으로 존 스토트의 《그리스도의 십자가》, 마틴 로이드 존스의 《마틴 로이드 존스의 십자가》가 있다. 어려워서 흥미를 끌기 어려운 책들이지만 《십자가 아래서》는 쉽다. 십자가의 의미와 가치, 그 아래서 죄인이 누리는 은혜를 강조한다. 어떻게 그리스도를 사랑할 것인가에 대한 실천적이며 반성적인 측면도 강조한다. 저자는 청교도들의 신학과 신앙을 그대로 물려받은 영국의 목회자다. 어머니에게서 말씀과 기도로 양육되었고 목사 임직을 받은 뒤 영국으로 건너가 탁월한 설교자로서 사역한다. 1861년 찰스 스펄전의 메트로폴리탄 테버내클이 완공되고 첫 예배를 드릴 때 설교자로 발탁될 만큼 유명했다고 한다.

이 책은 그리스도의 십자가가 보여준 복음의 진리를 일곱 장에 걸쳐 말하고 있다. 1장은 십자가의 저주와 고통, 형벌을 두려워 않고 십자가 아래에 머문 여인들을 얘기한다. 그들이 십자가의 사랑과 은혜를 충분히 받았기에 이후의 삶도 거룩하게 살 수 있었고 믿음과 사랑을 고백할 수 있었다고 전한다. 2장은 죄의 사악함을 보여주는 십자가가 죄의 완전한 용서라는 것을 보여준다. 죄 속에서 살면 죄의 존재를 알 수 없지만 십자가 아래에서만이 죄를 바라볼 수 있다는 메시지다. 3장에서는 그리스도의 십자가에 뿌리를 두고 있는 믿음은 그리스도의 보혈과 지속적인 관계를 맺을 때 영양분을 공급받고 강화됨을 말한다. 그리스도의 형상을 닮고자 하는 강력한 열망을 얻게 되며, 그리스도의 피만이 참된 믿음의 안식이며 은혜라는 것을 전한다. 4장에는 멋진 표현이 있다. 우리는 하나님 사랑의 완성을 십자가라고 생각했다. 하나님께 그 사랑을 받는 것이 익숙했고 마땅하다고 여겼다.

그런데 이 책은 "그리스도께서도 도리어 우리의 사랑을 입으셔야만 한다"고 표현한다. 사랑받기에 합당하신 그리스도! 그리스도께서 내 사랑을 받으시게 하고 그 사랑이 온전해지는 때는 십자가 아래 머물러 있을 때뿐이라고 한다. 일방적인 사랑으로 찾아오셨지만 쌍방향의 사랑을 원하신다는 하나님의 인격적인 사랑을 읽을 수 있다. 깊은 메시지와 결정적인 아름다움은 시에 응축되어 있다.

너였구나! 내 죄, 내 잔인한 죄들이여,
영광의 주님을 그토록 괴롭게 한 것이
내 죄 하나하나가 대못이 되고
내 불신앙 하나하나가 창이 되었구나.(175쪽)

산문의 숲을 걸어가다가 만나는 운문(시)의 이끌림. 설교의 정점에 표현된 이 시들은 메시지의 절정을 드러내고 있고 설교자의 열정도 선연하게 느껴진다. 운율을 타고 읽혀지는 시들과 메시지를 읽으니 식어버린 믿음이 생동한다. 처음 십자가 아래서 주님을 만났던 첫 감격, 순결했던 첫눈물이 회복되는 듯하다.

맥스 루케이도
《구원자 예수》(아가페, 2008)

부활절 행사를 위해 자료를 찾다가 만난 책. 이 책의 신기함은 고난과 부활에 대한 부분이다. 겟세마네 동산부터 부활에 이르는 사건을 마치 영상의 정지 화면들만을 포착해 나열한 듯한 '사셨네' 부분이 가장 강렬했다. 경이로웠다. 짧은 이미지만을 단어로 나열해 놓았다. 저자는 무엇을 의도했을까? 저자는 이 부활 부분을 '정지화면'이라 했지만 나는 '명사의 배열'로 보았다. 문학에서 용언이 아닌 명사로 끝나는 표현의 효과는 여운보다는 간결함과 긴박감을 준다. 그저 어떤 한 가지 중요한 사건을 향해서, 결론을 향해서 긴박감을 갖고 돌진하는 듯한, 즉 긴장감을 늦출 수 없는 효과가 있다. 아무래도 맥스 루케이도는 겟세마네부터 부활까지를 그런 어조로 표현하고 싶었던 것 같다. 가장 인상적이며 핵심이 되는 사건은 '사셨네' 부활 부분이다. 부활을 향한 거칠고 숨 막히는 우리 하나님의 숨소리, 초침 소리를 듣는 것 같다. 이 단락을 읽으면 숨쉴 수조차 없다. 일부분을 옮겨본다.

동산. 어둠. 별. 그림자. 네 사람. 신발 끄는 소리. 옷깃 스치는 소리. 고요함. 불안. 숲. 나무. 고독. 질문. 심히 고민함. "아버지여!" 땀. 신. 사람. 인신. 쓰러지심. 핏방울. "싫습니다." "순종하겠습니다." 천사들. 위로.

발자국소리. 횃불. 웅성대는 소리, 로마군인들, 놀람, 검과 몽치. 입맞춤. 혼란. 배반, 두려움. 도망. 흩어짐. 손을 잡히심. 끌려가심.

뜰. 대제사장. 등불. 산헤드린. 가야바. 경멸. 끌리는 옷. 오만. 턱수염. 음모. 맨발. 결박. 잠잠. 떠밂. 발길질. 안나스. 분개. 메시아? 심문. 나사렛사람. 자신만만. 질문. 대답. 주먹질!(중략)

"아버지여!" 강도들. 부르짖음. 슬피 욺. 기절. "어머니!" 사랑. 어둠. "나의 하나님이여!" 두려움. 속죄양과 신포도주. "아버지" 고요. 한숨. 숨을 거둠. 고통이 사라짐.

지진. 묘지. 무덤. 몸. 신비. 휘장. 창. 피. 물. 향유. 세마포.

무덤. 두려움. 기다림. 절망. 돌. 마리아. 달음질. 설마? 베드로. 요한. 믿음. 눈이 밝아짐. 진리. 인류 사셨네. 사셨네. 사셨네!(159~161쪽 부분 인용)

이명권

《공자와 예수에게 길을 묻다》(코나투스, 2008)

서른 즈음부터 《성경》을 읽을 때마다 동양 고전과 《성경》을 접목시켜 연구하고 싶었다. 말씀을 읽다보면 《명심보감》《맹자》《노자》《장자》《논어》의 한 부분이 떠오르곤 했다. 이 책은 내가 쓰고 싶었던 내용들을 정확하게 간파해서 기술했다. 솔직히 억지스러운 면도 없지는 않지만 복음서 해석은 탁월하다.

공자는 사람 사이의 신뢰나 신의 외에 고전적 가르침에 대한 신뢰도 중요시했다. 성현들의 가르침과 그가 속한 경전을 소중히 하고 옛것을 풀이하되 창작하지 않는다(술이부작述而不作)면서 옛것을 신뢰하고 좋아한다고 했다. 즉 이 신뢰에는 배움이 필요하다면서 믿음은 좋지만 배우기를 좋아하지 않아 그 이치를 밝히지 못한다고 했다. 그래서 믿음이 진실하지 못하면 결국 남을 해치는 폐단이 있다는 것이다. 따라서 믿음은 맹신이 아니라 배움을 통한 분별력이 필요하다고 말한다. 예수님을 사상가로만 조명하고 그에 초점을 두어 분석한 것은 저자의 한계다.

마틴 로이드 죤스

《마틴 로이드 죤스의 십자가》(두란노, 2011)

분명한 실체를 느끼지 못한 채 관념에만 치우친 신앙, 진정한 고백이 없는 신앙 때문에 고민하던 청년 시절, 주님이 너무 멀리 계시거나 흐릿하게 보이던 그 시간에 알 수 없는 죄책감과 죄의식으로 가득하여 '어떻게 사는 것이 크리스천으로서의 바른 삶인가'라는 실천과 행동에만 집착하며 우울해하던 시절, 이 책을 처음 만났다. 그토록 나를 짓누르던 율법의 굴레에서 벗어나 '자유'를 알려주었고 은혜에 감사하는 넉넉한 신앙을 바라보게 했다. 요즘 이 책을 다시 읽으며 새로운 은혜를 받았다. '내 몸에 예수의 흔적을 지니고 있노라' '우리도 주와 함께 죽으러 가자' '자랑하는 자는 이것으로 자랑하라'라는 사순절 목사님 설교와 이 책이 뒤엉켜 사순절을 보내는 내게 십자가의 의미와 가치를 다시 한 번 깨닫게 해주었다.

이 책의 다른 깊은 맛은 글 속에 삽입된 찬송시다. "주 달려 죽은 십자가, 놀라운 그 십자가를 생각할 때 세상에 붙은 욕심을 헛된 줄 알고 다 버리네"라는 찬송시를 읽노라면 내 가슴이 로이드 죤스 목사의 설교 현장에 서있는 것 같아 주체할 수 없는 감동과 감흥의 큰 파도가 밀려온다.

불편한 만남, 일침을 준 책

　새로운 책들을 만나는 것은 반갑다. 그러나 마음에 큰 반향을
준 책은 반갑기는 해도 여전히 책장을 덮고 나서 뒤끝이 안 좋고
계속 신경 쓰일 때가 있다. 비록 기독교적인 시각과 세계관이 담
겨있지 않아도 생각의 폭을 넓혀주는 위험한 책을 난 사랑한다.
불편한 생각이, 자유로운 한 줄기 바람이 답답한 숨통을 트이게
한다. 그런 책들이 참 좋다.

슈테판 츠바이크
《폭력에 대항하는 양심-칼뱅에 맞선 카스텔리오 》(자작나무, 1998)
　전기 작가 슈테판 츠바이크가 칼뱅과 카스텔리오를 부활시킨
듯 생생하다. 이 책은 칼뱅과 동시대인 16세기의 인문주의자 카
스텔리오의 전기다. 이 책에서 저자는 역사 속에서 패배자로 잊
혀진 인물인 카스텔리오를 자신의 양심에 따라 자유를 옹호하고
관용을 부르짖었던 인물로 부각시켰다. 칼뱅은 종교개혁을 이끈
인물이자 개신교 신앙의 아버지로 추앙받았다. 그러나 카스텔리
오는 칼뱅을 소위 '정신적 독재자이자 광신적인 주지주의자'로
규정하고 칼뱅에 맞서 목숨을 걸었던 사람이다. 카스텔리오의

이름을 알게 된 것만으로도 난 가슴이 설렜다. 나는 지금까지 칼뱅을 종교개혁의 기수로만 알고 있었다. 이 책을 읽으면서 신앙과 종교가 폭력적일 수도 있다는 것을 알았다. 인간의 성품을 파괴하고 집단 속으로 용해시키고 온갖 법조문과 금지법으로 양심을 짓밟고 폭력을 휘두르며 독재자처럼 군림할 수 있다는 사실이 놀라웠다.

슈테판 츠바이크는 칼뱅을 철저한 고정망상증(Monomanie 츠바이크가 사용한 용어로 자기 자신에 대한 철석 같은 믿음과 예언자적 자기도취를 뜻한다) 환자라 했다. 차돌 같은 단단함과 얼음같이 비인간적인 경직성과 편협된 자기 확신, 자신의 의지만이 세상 법칙에서 근본임을 떠들어 델 용기를 가진 특별한 인간이라고 표현했다. 칼뱅은 당시 사람들을 '길들일 수 없는 야수 같은 것들, 쓰레기 같은 것들'이라고 했고 하나님의 이름으로 폭력을 휘두르는 칼뱅에게 대항하는 카스텔리오를 '악인, 짖어대는 개, 철면피 같은, 《성서》를 더럽힌, 무례하고 상스러운' 등의 욕설을 퍼부었다. 카스텔리오는 칼뱅을 '짖어대는 개 같은 인간, 짐승 같은 인간으로 욕먹을 독신자, 중상모략을 일삼는 악인, 배우지 못하고 철면피 같은 놈, 하나님을 웃음거리로 만드는 바보, 신앙을 업신여기는 자, 부끄러움을 모르는 자(204쪽)'라고 묘사했다. 서로에 대한 비인격적 표현을 읽으며 마음은 불편했다.

카스텔리오에 의하면, 칼뱅은 인간이 가진 특별한 성질들을 흔적도 없이 없애버려 전체 질서 속에 편입시켰다. 또한 개인을 집단 속으로 용해시키기 위해, 인간성을 가혹하게 박탈하고 개인을 잔인하게 억압하는 '기율'이라는 교회법규를 정했다. 이것은 인간이 강요받았던 가장 힘든 억압이었을 것이다. 법조문과 금지 (제명령)라는 가시철조망을 자신의 무리들, 자신의 공동체에 둘러놓고 동시에 풍기단속을 감독한다는 미명 아래 고유권한을 가진 관직인 감시위원회를 만들어냈다. 감시위원회 형리들인 장로들에게 개개인의 생활 전반에 주의를 기울일 것을 분명하게 지시했다. 누구 한 사람도 이들 장로들의 눈을 피할 수 없었고 대화뿐아니라 각자의 견해나 생각까지도 감시받았다.

예를 들어서 연구, 오락, 시민축제, 춤, 온갖 종류의 게임도 금지했고 스케이트 같은 소박한 운동도 칼뱅의 기분을 상하게 했다. 15세 미만 여자들은 비단옷, 이후엔 벨벳 옷을 걸치는 것, 남자건 여자건 가르마를 타거나 여자는 머리를 기르는 것도 금지되었다. 레이스 모자나 장갑, 치마 주름 잡는 것까지도 금지했다. 자유롭고 쾌활했던 제네바 도시가 점차 회색도시가 되어버렸다. 200년 동안 제네바에서 세계적 명성을 지닌 화가나 음악가가 단한 명도 배출되지 못했던 이유를 여기서 찾기도 한다. 순수한 제네바 시민 루소에 이르러서야 제네바는 칼뱅으로부터 완전히 해방될 수 있었다.

카스텔리오는 학교 교장이며 인문학자로 《성경》을 라틴어와 프랑스어로 번역해보려는 야망이 있었다. 당시 제네바에서는 칼뱅의 교리를 글자 하나라도 빠뜨리지 않고 따라야 한다는 엄격한 분위기였다. 카스텔리오의 《성경》 해석은 칼뱅과 해석차이가 사소했지만 새로운 교리에 무턱대고 무릎을 꿇으라는 것에 반대했

다. 그러나 정신적인 억압 통치만 있는 형무소분위기 같은 곳에
서는 숨 쉴 수조차 없었다. 카스텔리오는 후에 징계를 받아 교회
에서 설교금지령이 내려졌고 과로와 피곤에 지쳐 피폐해져 갔다.
결국 그는 외롭게 투쟁하다 심한 위경련으로 죽음을 맞이한다.

사춘기 아이처럼 그동안 내가 옳다고 여긴 것에 반항이나 하
듯, 엄청난 비밀을 담고 있는 금서를 읽듯 흥분하며 이 책을 읽었
지만 마음은 복잡했다. 장로교의 기본 교리 《기독교 강요》를 저
술한 칼뱅, 기독교에서 존경받는 그가 한 작가에 의해 이렇게 무
참히 평가된다는 것이 놀라웠다. 카스텔리오의 생각이 맞는 것일
까? 어찌 보면 그도 아주 이단적이지는 않은데, 칼뱅은 왜 그랬
을까. 진리에 대한 독선, 자신만이 진리라고 하는 것은 정말 무섭
고도 파괴적인 것일까. 이 책은 서푼어치밖에 안 되는 나의 지성
과 신앙, 감성을 자극해 내 안에 혁명의 불을 지폈다. 누구도 어
떤 인문학자도 칼뱅에게 대항하지 않았던 때에 맞서 저항한 카스
텔리오의 용감함은 놀라웠다. 내 모든 의무와 부당한 억압, 처참
하고 힘겨운 덫에 저항해 혁명을 이루어내고 싶다는 생각에 경이
로움마저 느꼈다.

종교개혁 500주년 기념으로 우리 교회에서 열린 세미나에서
장신대 역사신학과 박경수 교수께 이 책의 관점이 과연 적절한지
질문했다. 그는 이 책이 역사소설가의 작품이므로 역사적 사실로
볼 것이 아니라고 했다. 칼뱅은 청렴하고 사회윤리를 적극 실천
한 사람으로 그에 대한 부정적 관점과 오해를 종식시킬 서적들,
제네바 시의 종교개혁 당시 상황을 변론할 서적이 현재 발간되고

있다는 학계의 최근 정보를 알려주었다. 칼뱅은 당시 매주 목요일 권징을 위한 제네바 사건을 다루는 기구에서 활동했는데, 중세 시대 속기로 기록되어 도무지 읽어내기 어려웠다. 1541년부터 55년까지 매주 빠짐없이 기록한 제네바 고문서들, 칼뱅 당시의 사건기록들이 1983년 현대 불어로 열 권 번역되었고, 현재도 계속 번역되고 있으며 영어로는 한 권만 번역된 상태라고 한다.

또한 박경수 교수는 츠바이크가 소설에서 말한 사형수들의 통계와 이유들조차 정확한 것도, 실제적 사실에 입각한 것도 아니며, 당시 국가적 차원에서 이루어진 합법적 사형이 가능한 동성애자, 고질적인 아동 성폭행자까지 모두 칼뱅이 죽인 사람으로 덮어씌웠다고 했다. 칼뱅에 대한 거친 논쟁들이 있긴 하지만 그것은 시대적 상황과 사료를 바탕으로 한 기술이 아니어서 바르지 않다는 박경수 교수의 명쾌한 답변을 들었다.

*이 책은 2009년에 《다른 의견을 가질 권리》(바오출판사, 2009)라는 제목으로 새롭게 출간되었다.

데라야마 슈지
《책을 버리고 거리로 나가자》(이마고, 2005)

너무 빨랐던 그의 죽음으로부터 벌써 21년. 그가 활동했던 1960년대부터 80년대까지 그는 일본 문화예술계의 카리스마적 존재로 전 세계를 달려서 앞질렀고 항상 시대를 도발했다.(4쪽)

차마 책장을 쉽게 넘길 수 없는 도발적인 책! 어떻게 보면 천한 책, 두려운 책이다. 머리말에도 나와 있듯이 작가의 글에는 주변에서 소외되었던 사회적 약자들의 삶이 고스란히 드러나 있고 고향에 대한 향수가 짙게 배어 있다. 그의 상상력은 일반적으로 용납하기 어렵다. 때로는 섬뜩함마저 느끼게 할 정도다. 그의 생애를 가로지르는 변함없는 테마는 '자아발견.' 이 책의 제목은 앙드레 지드의 《지상의 양식》 서문에서 유래한다.

다 읽으면 이 책을 던져버려라. 그리고 밖으로 뛰쳐나가라. 이 책이 너에게 밖으로 나가고 싶은 욕망을 불러일으켜주길 바란다. 너의 집에서 너의 서재에서 그리고 너의 생각에서 벗어나라.(11쪽)

이 책에서 한 부분 '가요'에 대한 이야기가 공감이 된다. 가요는 삶의 진솔한 단면을 담고 있다. 어떤 일이 생길 때마다 유행가 한 구절을 흥얼거리며 그 가사를 교훈 삼아 살아가는 소시민을 비롯해 위기감을 느낄 때마다 언제나 콧노래로 떨쳐버리는 거리의 아저씨나 아주머니들을 유행가형 인간이라고 말한다. 유행가야말로 우리 시대의 블루스다. 속뜻을 깊이 헤아릴 필요 없이 속으로 꾹 참는데도 저절로 입가에 흘러나오는 노래, 유행가. '유행가'라는 말 자체에서 느끼듯이 덧없이 사라질 운명을 가진 노랫가락을 흥얼거리며 느긋하게 현실을 즐기는 사람, 이게 바로 유행가적인 인간이며 유행가적 삶이다. 그래서 유행가적인 삶은 강한가보다.

184~185쪽에 '3분 30초의 도박'이라는 내용이 눈길을 끈다.

한 범죄자가 가까스로 국경까지 도망친다. 이제 국경만 넘으면 안전하다. 그는 국경에 있는 상점에서 잠시 숨을 돌리며 커피 한 잔을 마신다. 문만 열고 나가면 이제 자유의 땅이다. 커피를 마신 후 문득 주크박스에 시선을 보낸다. 거기에는 그리운 노래가 들어있다. 그는 10센트를 집어넣고 한 곡의 노래에 귀를 기울인다. 맑은 국경의 하늘에는 새가 지저귀고 있다. 살인을 저지르고 차지한 돈은 앞으로 평생 흥청거리며 써도 남을 정도다. 그는 노래에 마음을 빼앗긴 채 멍하니 듣고 있다. 이윽고 노래가 끝나자 일어선다. 그러나 그의 바로 옆에는 수갑을 쥔 형사가 서 있다. 그는 자유를 목전에 두고 두 번 다시 태양을 볼 수 없는 콘크리트 벽안으로 끌려간다. 상점 문 앞에 멈춰 서서 그가 점원에게 묻는다. "이 노래 한 곡을 듣는데 얼마나 걸리지?" 그러자 점원이 대답한다. "3분 30초쯤이죠."

존 휴스턴의 갱 영화 〈아스팔트 정글〉의 라스트 신을 말하는 대목이다. 겨우 노래 한 곡이 흐르는 시간 만큼의 휴식, 3분 30초라는 인간다운 한순간이 그가 일생을 걸고 뛰어들었던 일을 그르치게 만든다. 관객들은 노래 한 곡을 듣는 대가치고는 너무 비싸다, 3분 30초라는 시간의 길이와 인생의 길이를 재면서 그렇게 헛되이 시간을 보내는 게 얼마나 어리석은 짓이냐고 생각할 수 있다. 그러나 억압받아 본 사람, 영어의 삶을 살았던 사람은 안다. 시시각각 죽음이 목을 조여 오는 현실 앞에서 왜 그토록 짧은 자유를 절규하며 누리려 하는지를…. 어찌 보면 진정한 삶이란 보편적이고 누구나가 공감하는 삶을 살아가는 것만은 아닐 것이다.

누구도 어떤 인생이 정답이라 말할 수 없다.

베티 프리단

《여성의 신비》(이매진, 2005)

여성은 인간으로서 자기 자신의 천국과 지옥을 선택할 힘을 가지고 있다.(52쪽)

내 가족, 가정. 돌볼 수 있다는 것에 대해 하나님께 감사하지만 내 인생은 거기서 멈출 수 없었어요. 내가 별난 사람이 아니라는 것과 내가 다른 무언가를 원하는 것이 부끄러운 것이 아니라는 것은 놀라운 깨달음이었답니다.(84쪽)

세대를 이어 신성하게 전해 내려온 모성, 그 성취가 생애의 전부로 규정된다면 여성들은 자신에게 열려있는 세계와 미래를 거부해야 하는가.(117쪽)

남편과 아이들이 지위의 상징이 되어버린다. 자신의 공허감을 지탱시키고 누군가가 된 것같이 느끼게 하는 영구적인 장식물이 필요하다. 여성 자신에게 결여된 정체성을 참기 위해 남편을 소유하고 지배해야 하기 때문에 여성은 기생적인 존재가 되어 버렸던 것이다. … '엄마'와 '활동적인 직업여성'에 대한 오랜 적대감은 결국 가정을 '직업'으로 살기 위하여 적극 나서는 것이 새로운 종류의 지배와 침략이라고 느끼는 남성들의 적대감 앞에서 빛을

잃을 것이다.(448쪽)

주부로서 적응하려는 여성, 자라서 단지 한 사람의 주부가 되고자 하는 여성은 수용소 안에서 죽음을 기다리는 사람처럼 위험하다.(500쪽)

'여성의 신비'는 살아있는 수백만의 미국여성을 매장시키는 데 성공했다. 자신의 안락한 수용소를 부숴버리려는 이런 여성들에게는 미래를 실현하기 위해 생물학을 초월하고 가정이라는 벽을 극복하려는 노력을 제외하고 방법이 없다. 미래에 대한 그런 책임성에 의해서만 미국 여성은 가정주부라는 사다리를 부숴버릴 수 있으며 독립된 인간으로서 여성 자신의 유일한 가능성을 이행함으로써 아내와 엄마로서의 진실한 성취를 발견할 수 있다.(547쪽)

크리스천 여성으로서의 규정된 삶, 그저 주어진 현실을 벗어나지 않고 순응하며 살아온 내게 이 책은 내 삶의 방식을 반대한다. '나'를 재발견하도록 이끈다. '여성의 신비'만을 간직한 채 창조적이고 가치 있는 일을 찾아 나서기보다는 여성다움을 위해 여성 자신을 격하시키지 말아야 한다는 게 이 책의 주제다. 저자는 1921년생으로 여성운동에 뛰어든다. 48세라는 나이에 자존심을 파괴시키면서까지 결혼을 지속시킬 수 없던 저자는 무지 밖으로 다른 여성을 이끌면서 정신분열적인 삶을 계속할 수 없어서, 결혼의 거짓된 안전을 고수할 수 없어서 이혼을 감행한다. 오히려 결혼 속에서 거짓된 안전을 고수하던 때보다 덜 외롭단다. 저자가 주장한 이른바 '여성의 성혁명'은 바로 무시무시한 폭발력에 연료를 공급해주는 것이다. 여성의 신비에 갇혀 사는 여성은 좁은 의미의 삶을 사는 것이라는 말에 깊이 공감했다. 곱씹어보면《성경》에서 말하는 건강한 여성이란 '여성'이라는 '성'에 갇혀 있거나 종속적인 삶에 불행하게 얽매이기보다는 하나님께서 주신 주체적인 삶을 피조물로서 행복하게 적극적으로 살아내는 것이다.

황학주
《인디언 마을로 가는 달》(리브가, 2004)

우리가 세상에 아무것도 가지고 온 것이 없으매 또한 아무것도 가지고 가지 못하리니

가지고 온 것이 없으매 또한 아무것도 가지고 가지 못하리니

우리가 먹을 것과 입을 것이 있은즉 족한 줄로 알 것이니라.

부하려 하는 자들은 시험과 올무와 여러 가지 어리석고 해로운 욕심에 떨어지나니

곧 사람으로 파멸과 멸망에 빠지게 하는 것이라.

돈을 사랑함이 일만 악의 뿌리가 되나니 이것을 탐내는 자들은 미혹을 받아 믿음에서 떠나 많은 근심으로써 자기를 찔렀도다.

(딤전 6:7~10)

독일어에서 가장 아름다운 단어에 대한 설문조사를 했는데

'소유'가 가장 아름다운 단어로 선정되었다고 한다. 이처럼 누가 뭐래도 이 시대는 풍요의 시대이며 소비중독성 바이러스가 활개를 치는 시대다. 소비중독을 명확하게 보여주는 《어플루엔자》(나무처럼)라는 책이 있다. 인간의 탐욕이 만든 소비와 소유 전염병을 진단한 책이다. 과도한 소유에 대한 집착과 문화의 쓰레기, 소모적인 경쟁을 전쟁처럼 치러내는 오늘의 상황을 진단한 이 책은, 풍요로운 생활방식으로 야기되고 심화되는 현대인의 질병을 치유하기 위해 물질에 대한 건전성을 되찾아 단순한 삶을 살 것을 제안하고 있다.

《인디언 마을로 가는 달》은 이러한 소유욕을 당연시하는 우리와는 다른 삶을 살아가는 모습을 보여주는 책으로, 인디언 보호구역에서 띄우는 편지다. 저자는 인디언과 기독교 사이에 생긴 갈등과 불신 때문에 인디언에 대한 선교사역이 무기력하게 되어버린 것을 안타까워하면서 인디언 학살, 문화 말살, 노예문제 등을 거론한다. 인디언을 바라보는 저자의 시선은 따뜻하다. 자신이 인디언에게 피해를 준 가해자가 아님에도 인디언에게 속죄하듯이 글을 서술하고 있다.

책 뒷부분에 "주님, 사랑하고 싶습니다. 한 사람만이라도"(79쪽)라는 말은 나를 전율케 한다. 인류에 대한 거창한 사랑을 부르짖기보다는 오히려 용서와 자비를 구하는 작가의 태도에서 겸허함을 느꼈다. 수잔 제퍼슨의 《시애틀 추장》(한마당)에서는 1850년경 미국 워싱턴 정부가 인디언을 학살한 뒤 그들의 땅을 사려는 미국인들을 향해 시애틀 추장이 한 연설이 나온다. "이 땅은 우리의 소유가 아니다. 우리가 이 땅의 일부일 뿐"이라면서 보이는 것에 현혹된 삶을 누리다가, 이 세계를 떠받치고 있는, 정작 중요한 보이지 않는 것들에는 장님이 되어버렸다는 추장의 말을 읽어 내려가다 보면 자연을 파괴하고 길들여 욕심스럽게 배만 채워가는 행위가 얼마나 어리석은지를 알게 된다. 자연은 우리가 다투어서 짓밟고 소유하는 대상이어서는 안 된다는 것을 상기시킨다.

디 브라운
《나를 운디드니에 묻어주오》(나무심는사람, 2002)

2003년 11월 1일에 이 책을 처음 만나고 3년 후인 2006년에 다시 읽었다. 서구 선진문명이 얼마나 포학하고 잔인한 문화인지, 그 무자비함이 몸서리쳐지는 책이다. 1971년 첫 출간 이후 전 세계 17개 언어로 번역되어 가장 많이 읽히는 인디언 역사책 가운데 하나다. 저자가 여러 해에 걸쳐 수집한 회의와 재판 기록, 자서전 등을 바탕으로 희생자 인디언들의 말을 직접 인용해, 미국의 서부 정복 이야기를 다룬 기록문학의 걸작이다.

서부 개척이라는 미명 아래 저질러진 백인들의 잔인한 약탈, 그에 맞서 싸운 인디언들의 눈물겨운 투쟁, 그리고 비운의 멸망 과정이 바로 눈앞에서 펼쳐지는 것처럼 생생하다. 얼마나 많은 인디언들이 백인들의 욕망을 위해 죽었는지, 얼마나 많은 인디언 부족들이 그들 땅에서 쫓겨나 '보호구역'이라는 황폐한 땅으로 내몰려 끝내는 사라져갔는지를 잘 보여준다. 미국 서부 개척사를 뒤집으면 인디언 멸망사가 된다는 역자의 말처럼 무자비한 폭력과 협잡이 난무한다.

　이 책의 제목이기도 한 '운디드니'(woundedknee)는 '상처난 무릎'이란 뜻의 그리 유명하지 않은 작은 샛강이다. 학생들과 논술 수업을 할 때 이 책의 각 장마다 나오는, 작은 글씨로 쓴 역사와 사회배경을 공부한 뒤에 가장 충격 받은 부분을 이야기하고 서구문명의 어두운 모습을 생각해 보았다. 신대륙 발견이 콜럼버스에겐 '발견'이지만 이미 그곳에 살던 인디언들에게는 무자비한 '정복'이며 '짓밟힘'이었다는 것. 개척이라는 미명 아래 인디언들에게 행해진 잔인하고 충격적인 역사 앞에서 기독교는 사죄하고 회개해야 한다.

　잔혹하게 인디언들이 멸망해가는 게 아프지만 이 책에 나오는 각 달을 지칭하는 인디언들의 말은 흥미롭다.

1월 개미의 달, 혹한의 달, 눈이 녹는 달

2월 눈이 천막으로 휘몰아치는 달

3월 나무껍질이 터지는 달

4월 넓은 잎사귀의 달, 풀이 자라는 달, 잎이 퍼지는 달

5월 말이 털을 가는 달, 검푸른 녹음이 드는 달

6월 살 찌는 달, 산벚나무 열매가 익는 달, 산딸기가 익는 달

7월 곡식이 익는 달, 붉은 백합이 피는 달

8월 사슴이 뿔을 가는 달

9월 사슴이 땅을 파는 달, 풀이 마르는 달, 들벼의 달

10월 잎이 떨어지는 달, 환절기의 달

11월 기러기가 날아가는 달, 사슴이 발정하는 달

12월 사슴이 뿔을 가는 달(8월과 중복), 늑대가 무리지어 다니는 달

라티파

《빼앗긴 얼굴》(이레, 2002)

1980년 카불의 중산층 집안에서 태어난 라티파의 충격적 고발 기록. 기자를 꿈꾸며 대학입학을 준비하던 라티파는 탈레반 정권이 들어서면서 일순간 삶을 포기해야만 했다. 탈레반의 광신적 신앙이 자신의 세계를 어떻게 산산조각 냈는지, 고통스럽게, 그리고 정확하게 묘사하고 있다. 책의 표지는 탈레반 정권의 여성 억압을 상징하는 부르카. 머리끝에서 발끝까지 가리는 부르카는 탈레반 정권치하의 아프가니스탄 여성들이 집밖으로 나갈 때 반드시 입어야 하는 옷이다. 입지 않고 외출한 여성은 종교경찰에게 매를 맞기까지 한다. 라티파는 18세에 이웃의 언니와 비밀학교를 열고 온갖 위험을 무릅쓰고 부모와 함께 파리로 간다. 파리에서 그녀는 억압받는 아프간의 여성들을 위해 증언을 한다. 폭력의 위험 앞에서도 자존심을 지키며 아프가니스탄의 미래를 위해 자신의 역할을 당당히 찾는 여성들의 모습이 소개되어 있다.

박 총

《욕쟁이 예수》(살림, 2010)

'교양과 상식 너머 길들여지지 않는 예수의 맨얼굴'이라는 작

은 타이틀이 시선을 끈다. 완벽한 율법주의자처럼 살려는 나, 도무지 진정한 자유가 없는 내게 자유를 누리라고 선물이 된 책이다. 오랜만에 마음 통쾌하게 해주는 고마운 책을 만났다. '하나님 앞에서 쿨한 척하지 말라.' 청년시절 이 책을 만났다면 그리스도 안에서 참 자유를 누렸을 것이다. 제도와 수많은 원칙들에 길들여진 답답한 나에게 일침을 가한다. 내 마음 속 장작을 여지없이 도끼질로 패 재낀다.

한 가지만 소개한다면 '찍사 예수'(109~112쪽)에서 소유욕과 과시욕의 이 시대를 사진의 시대로 보고 늘 사진을 찍고 찍히는 것이 우리 시대의 흔한 풍경이 되었고, 식사든 교제든 여행이든 모든 순간을 제대로 누리기보다는 담아내고자 하는 욕구만이 앞선다는 것을 지적한다. 즉 '기록의 욕구'가 '경험의 욕구'를 능가하는 시대, 행복을 누리지는 못하고 행복해 보이기만 하면 그만이라는 듯, 행복해 보이는 사진을 갖는 게 더 낫다는 세대를 비판한다. 자기 과시의 시대를 '사진찍기'라는 한 가지 현상을 들어 명확하게 지적하고 있다.

예배와 교회, 그 거룩함에 대한 고민

신앙의 본질은 '하나님을 아는 것'과 '하나님을 사랑하는 것'이다. 아무리 하나님의 백성들이라 할지라도 신앙의 본질이 없으면 참 신앙인이 아니다. 〈이사야〉 1장 12절에 기록된 것처럼 신앙의 본질이 없으면 마당만 밟는 이가 될 것이다. 그저 '지기에 부담스러운 짐' '마당만 밟고 돌아가는 예배' 즉 '헛된 예배'가 될 것이다. 예배와 교회에 대한 책들을 묶었다.

필립 얀시
《교회, 나의 고민 나의 사랑》(IVP, 2010)

책 제목부터 교회에 대한 뜨거운 애정과 뭔가 특별한 깊은 사랑, 아픔이 느껴진다. 교회를 고민하고 사랑한다니, 사랑하니까 고민한다는 것인가? 신앙이 있다고 하는 이들조차 교회에 가보았자 도무지 얻는 것이 없고 빈손을 채워주기는커녕 오히려 신앙에 방해가 된다고 생각하는 경우도 있고, 교회를 나오지 않고도 신앙생활을 잘 할 수 있다고 생각하는 이도 있다. 크리스천들은 이런저런 이유로 교회를 옮기고 싶다는 생각을 한다. 실제로 교회쇼핑을 하는 이도 있다. 그러나 왜 깊은 산 속의 기도원에서 '나 홀로'가 아닌 교회 안에서 교우들과 부대끼고 사랑하고 끝까지 교회 안에서 살아남아야 하고 교회를 물고 늘어져야 할까. 이 문제들에 얀시는 자신의 체험에서 나온 시원하고 명쾌한 답을 해준다.

얀시도 꽤 똑똑한 체하는 '소비자'처럼 교회를 회의적으로 바라보았으며, 예배 구경꾼(관람객)에 불과했다고 고백한다. 그런 그가 교회 옹호자, 예배 참여자로 변한 것은 그 너머, 위에 계신 하나님만을 바라보았기에 가능했다고 한다. 변화된 후 그는 예배 후에 내가 이 예배에서 무엇을 얻었는가를 계산하는 게 아니라 '나의 예배로 오늘 하나님을 기쁘게 하였는가?'를 생각하고 강대상 너머의 하나님을 향해 시선을 고정시킨다.

그는 이 책에서 교회 안에는 여러 부류의 사람들이 모이므로 나와 같지 않은 사람을 포기하지 말고 포용할 것, 획일이 아닌 다양성, 배타보다는 포용, 율법보다는 은혜, 뜨내기나 생각 없이 배회하는 사람들을 든든한 식구로 받아들여 하나님의 사랑을 체험하게 하는 교회의 모습을 제시하고 있다. 질그릇에 불과한 우리들 안에 살기로 작정하신 하나님처럼 우리도 하나님께서 이루시고자하는 본질적이고 아름다운 교회 공동체를 이루어야 한다. 이렇듯 교회를 향한 번민은 참으로 가치 있는 일이 될 것이다. 이것이 1장 '왜 교회를 붙들고 번민하는가?'의 주요 내용이다.

2장은 하나님께서 생각하신 교회로, 바울은 교회를 밭, 집, 성전, 그리스도의 몸으로 비유했다. 반면 얀시는 교회를 밤늦도록 열려있어 찾아가기 쉽고, 예기치 않은 응급상황으로 들른 사람들을 기꺼이 돌봐주는 '하나님의 응급실', 지위나 계급이 없는 운명

공동체로서의 교회 '하나님의 가족', 주님께서 이미 확정해 놓으신 주님의 승리를 우리가 함께 축하하고 감사하는 '하나님의 선수대기실'(이 표현은 소름이 돋을 만큼 정말 절묘하다), '하나님의 복지관', '하나님의 고가철도' 등으로 비유했다.

3장 '벽을 넘어서'에서는 사역들이 교회에 어떻게 적응해나갈 것인가를 말하고 있다. (1) 나는 사람자체를 염려하기보다는 그 사람의 고통에 더 노심초사하지 않는가? (2) 나는 내가 하는 일을 귀하게 보는 사람들의 공동체에 속해 있는가? (3) 나는 하나님과 삶을 혼돈하지 않는가? (4) 나는 누구를 위해 일하고 있는가? 이 네 가지 질문은 사역자가 교회 안에서 사역을 할 때 어떤 문제에 직면하거나 그 전에 스스로 살피고 되돌아 볼 수 있는 질문으로서 적합하다. 마지막으로 나도 질문을 해 보았다. 정말 지상에 완전한 교회, 나에게 맞는 교회, 비난거리가 하나도 없는 교회는 있을까? 있다면 그런 교회를 찾아 나서야 하는 것일까? 이 책 끝부분에 실린 한 예를 소개하면서 그에 대한 답을 하고 싶다.

"어느 고등학교 합주단이 베토벤의 교향곡 9번을 연주했는데 관객들이 모두 대경실색했다. 귀머거리이긴 하지만 베토벤이 그 소리를 들었다면 통곡했을 정도였다. 왜 어린 저 학생들에게 불후의 작곡자 베토벤의 음악을 망가뜨리고 저토록 애써가며 재현하게 했느냐고 너무 심한 것 아니냐고 핀잔할 수 있을 것이다. 그러나 그 어느 유명한 오케스트라도 작곡자가 원하는 완벽에 이를 수는 없다. 객석에 앉은 청중들 중에는 어설픈 학생들의 연주를

통해서야 베토벤의 위대한 9번 교향곡을 처음 접하는 사람들이
있다. 완벽과는 거리가 멀지만 그래도 청중들이 베토벤의 메시지
를 들을 수 있는 길은 학생들의 그 연주뿐이다. 우리는 비록 작곡
가(교회를 만드신 하나님-필자 주)가 애초에 구상한 음에는 결코 이르지
는 못하겠지만 불완전한 그 음이나마 세상에 들려줄 사람은 우리
(그리스도인-필자 주)외에는 없다."(164쪽)

레잇 앤더슨
《교회를 향한 제3의 물결》(기독신문사, 1998)

꽤나 인기 있던 책 릭 워렌의 《새들백 교회 이야기》(디모데)가
목적이 이끌어가는 —비전과 사역 강조— 교회의 모형을 강조했
다면 이 책은 사회의 변화를 이해하고 능동적으로 대처할 것을 말
한다. 즉 교회의 정체성 확인, 그 시대와 사회를 휩쓰는 거센 흐름
을 바르고 정확하게 읽어낼 것, 미래의 변화를 예측할 것을 말한
다. 또한 교회 구성원을 분석하고 그 연령대가 자라온 환경과 시
대적 특징, 특수성을 읽어내야 한다는 것이다.

저자는 현대 사회의 특징인 노령화, 여성 파워 등장, 뉴 에이
지 종교 관념이나 비기독교적인 가르침의 팽배, 다원주의, 패거
리 문화 양산, 장기적인 헌신보다 가볍게 해낼 수 있는 단기적인
헌신만을 찾아내는 현상을 짚으면서, 교회는 동떨어진 섬이 아니
라 세상 한가운데 있기에 그 세대를 이해하는 것이 가장 중요하
다는 메시지를 전해준다. 이런 사회 변화와 함께 사회 구성원들
이 교회 안에서는 어떤 스타일로 헌신하며 교회의 분위기를 어떻

게 이끌어 가고 있는지를 분석하고 어떻게 바람직한 유형으로 발전해나가야 할 것인지도 제시한다. 그런 면에서 이 책은 평신도가 더더욱 읽을 가치가 있다고 본다. 평신도들이 교회 한가운데서 섬기고 헌신하는 영역이 확장되고 있기 때문이다. 마지막으로 이 책은 미국 사회와 미국 교회의 분석을 바탕으로 저술해서 우리나라의 상황과 교회의 현주소를 무시하고 읽으면 책읽기에 실패할 것이다. 우리나라 현대사와 문화, 사회의 흐름을 인식하면서 읽어야 한다.

옥성호
《심리학에 물든 부족한 기독교》(부흥과 개혁사, 2007)

20세기는 심리학의 세기라고 할 만큼 심리학이 큰 영향을 미치고 있다. 심리학의 모든 중심은 인생을 향한다. 《성경》의 모든 중심은 하나님을 향한다. 기독교는 원천적으로 인간의 자존심이 들어설 자리가 없는 종교다. 예전에 읽었던 밥 획스트라의 《신앙의 심리학화》라는 책처럼 말이다.

옥성호의 책에서 관심 있게 본 것은 프로이트 심리학에 담긴 반기독교성(131쪽)을 말해주는 부분이다. 프로이트 이론의 핵심인 '무의식'적 인간의 절대적인 도덕 원칙은 존재할 수 없다. 왜냐하면 겉으로 드러난 인간의 행동들은 무의식에 지배받는다고 보기 때문이다. 의식은 선을 향하지만 무의식적으로 존재하는 악한 의도가 선을 가로 막아 합리화하며 선과 악의 기준 자체가 사라지고 내가 책임져야 할 영역체가 실종될 수밖에 없다. 그러므로 '무의식'의 발견은 인간의 행복을 향한 중요한 시발점이 아니라 인간을 꼭두각시로 만드는 인간실종의 시작이라고 말한다. 칼 융과 프로이트의 심리학이 기독교 안으로 들어오는 것을 왜 반대하는지 그 이유가 흥미롭다.

저자는 에리히 프롬에 대해서도 말한다. 프롬은 생물학적으로 인간을 해석한 프로이트의 의견에 공개적으로 반대했다. 프로이트가 가장 중요하게 언급한 성 역시 중요하게 생각하지 않았다. 프롬은 인간을 형성하는데 가장 중요한 요소를 '사회'라고 파악하고 사회가 인간의 무의식에 주는 영향에 집중했다. 인간 본성에 대한 낙관적인 사고를 지닌 프롬은 사랑 역시 인간의 내부에서 샘솟는 것이라고 봤다.

사랑은 어떤 고귀한 존재로부터 부여된 것도 아니며 의무적으로 주어진 것도 아니란다. 사랑은 인간이 세상과 자신을 연결시키는 고유의 힘이며 이 사랑을 통해 진정한 인간이 된다고 말한다. 이 부분이 기독교의 생각과 정반대이다. 프롬이 말한 사랑은 거룩한 인간이 드러내는 한 측면을 표현한 것일 뿐 《성경》이 말하는 사랑과는 전혀 관계가 없다.

또한 저자는 조엘 오스틴의 《긍정의 힘》은 지나친 긍정이 《성경》과 반대라며 〈창세기〉에서 자신의 존재를 처음으로 드러내는 긍정의 예로 사탄을 들었다. 사탄은 하와에게 '넌 죽지 않는 하나님이 될 수 있다'는 메시지를 던지는데 하와와 아담은 사탄의 긍정적 메시지와 하나님의 진리를 맞바꾼다. 비전, 꿈같은 단어가 오용 남용되는 요즘, 《성경》이 말하는 바른 비전은 '하나님에 대한 열망'이다.

미국 교회에서 가장 위대한 크리스천으로 평가되는 조나단 에드워드는 성도가 가져야 할 참된 비전은 인생의 목표가 바뀌는 것이라고 말한다. 에드워드에게 신앙은 무엇보다도 개인적이고 인격적인 하나님과의 만남, 즉 실존적인 하나님을 체험하고 하나님의 하나님 되심을 아는 것을 자기 신학의 핵심으로 삼았다. 에드워드가 체험한 하나님은 영광의 하나님이었고 거룩하신 하나님이었다. 이러한 하나님의 영광과 거룩은 에드워드에게는 아름다운 절정이었다.

옥성호의 결론은 다음과 같다. 심리학의 도움 없이도 《성경》만으로 충분하다는 것, 《성경》에 대한 오해들, 《성경》 말씀에 '필'이 꽂혀야 비로소 말씀은 단순히 '살아 역사하시는' 하나님의 말씀이 된다.

말씀 안에서 말씀을 충분히 알고 기도하면 믿음 안에서 바르게 기도할 수 있다. 그렇지 않고 무턱대고 기도만 열심히 하면 그런 자기의 의지력을 신앙의 훈장이라도 되듯이 자랑하는 잘못을 범하게 된다. 《성경》의 가르침 중 상당수는 오늘의 현실과 맞지 않다. 그러나 역사적으로 보면 《성경》만이 진리라는 주장을 공격하는 것은 사탄의 방법이었다. 《성경》을 장식품으로 사용하는 것은 사탄의 공격이며 영적 암흑에 빠져들게 된다. 《성경》으로 돌아가야 한다.

톰 휴스턴

《그들은 평신도였다》(교회성장연구소, 2003)

우리 교회가 구역체제에서 셀 목회로 전환될 즈음 읽은 책. '셀'
의 여러 특성중 하나가 바로 평신도 사역의 극대화를 꾀한다는 것
이다. 교회 안에는 많은 사람들이 있다. 그러나 성격, 직업, 취향
등이 모두 다르고 신앙의 스타일도 다르다. 이렇게 '다른' 사람들
이 모여 교회를 구성한다. 초대교회 역시 그러했다. 이 책을 덮고
나서 내린 결론은 교회를 세우고 일을 하려면 '모든 유형의 사람
들이 모두 필요하다'는 것.

이 책은 예수께서 승천하신 후 6주 동안 마가다락방에 모여 서
로를 용서하고 연합을 위한 고통스러운 변화의 과정을 겪은 이들
의 모습을 담고 있다.

열두 제자 가운데 선택받지 못했어도 인격적 성숙을 보여 겸
손하고 신실하게 주님을 따르다가 결국 유다의 빈자리를 채우는
영광을 누린 맛디아를 비롯해, 성전 미문 앞에서 늘 덫에 걸린 인
생을 살며 구걸하는 앉은뱅이를 위해 돈보다 더 중요하고 올바른
것을 하나님께 요구할 수 있도록 삶의 진정한 대안을 보여준 베
드로와 요한, 교회성장을 위협하는 원인이 되었던 헬라파 과부들
에 대한 차별대우를 균등하게 처리하려고 뽑은 일곱 집사, 많은
헌금을 내고 명예를 얻으려다 부정직하고 위선적인 모습 때문에
교회내부의 질서를 공격해 결국 자신의 삶을 파멸로 이끈 아나니
아와 삽비라 부부, 회심한 이후 조용하게 아라비아로 은둔해 기
도하며 사역을 준비한 바울 등 교회가 탄생하기까지 이를 둘러싼

여러 사건들을 분석하고 의미를 부여하고 있다.

나는 회심한 바울을 트로피처럼 내세워 사람들을 집회에 끌어들여 간증하게 하지 않고 좀 더 기다려서 바울 스스로 자신을 돌보도록 시간을 마련해주었다는 저자의 해석에 감동을 받았다. 또한 마술사 시몬에게서는 그리스도를 위해 봉사하다가 불의한 이득이 주어진다면 분명히 잘못된 것이라는 것, 주님을 위한 봉사와 섬김은 그 자체가 수수하며 아무런 이득이 없어야 함을 새삼 깊이 느꼈다.

이 책을 소개한 어느 글에서 '한국교회가 건강한 교회를 추구하면서 셀 사역에 관심이 고조되고 있는데 셀 사역에 관심을 가질수록 초대교회 공동체 같은 모습으로 돌아가게 된다'는 말처럼 셀 안에서, 교회 안에서 여러 사람들을 통한 다양한 사역이 빛을 발하길 기대한다.

한 작가 깊이 사귀기,
꼬리에 꼬리를 물고 읽기

　한 작가의 작품을 중점적으로 읽다보면 작가의 성향과 사상의 배경, 관점, 특성들을 깊이 넓게 알 수 있다. 고등학교 시절 헤르만 헤세의 작품들 《유리알 유희》《지와 사랑》《수레바퀴 아래서》《싯타르타》를 연이어 읽으면서 작가와 더 깊은 친밀감을 느꼈다. 관심 있게 읽어낸 헨리 나우웬, 엔도 슈사쿠, 필립 얀시를 소개한다.

깊고 맑은 사람, 헨리 나우웬

　헨리 나우웬의 책 중 맨 처음 만난 《영적 발돋움》(두란노, 1998)에 감동을 받아 그의 다른 책을 찾아 읽으려 서점에 들러보았다. 평대 하나에 20권이 넘는 나우웬의 책들이 가득 깔려 있었다. 국내에 번역된 책이 많은 만큼 이름도 나우웬, 나웬, 누엔 등 출판사마다 번역자마다 다양했다. 한 작가의 작품이 이렇게 많다니, 그리스도의 문화가 세상의 문화를 주도하기를 기대해보았다.

　헨리 나우웬은 1932년 네덜란드에서 출생, 1957년 예수회 사제가 된다. 미국으로 건너가 심리학 공부를 한 뒤 1971년 예일대

교수로 재직하다 자신의 풍요로움에 대한 죄책감과 하나님의 뜻을 알기 위해 페루의 빈민가에서 민중들과 함께 살았다. 다시 하버드 대학으로 돌아와 강의. 그러다 영혼의 안식을 찾지 못해 고민하다가 강단을 떠나 정신지체 장애인 공동체에 들어가 1996년 심장마비로 세상을 떠나기까지 사역했다.

《아담-하나님이 사랑하시는 자》(IVP, 1998)

말도 못하고 다른 사람의 도움 없이는 움직이지도 못하는 장애인 청년 '아담'을 돌보면서 자신의 연약한 심령 가운데 살아계시는 그리스도의 영을 재발견한다는 내용. 철저한 연약함의 옷을 입고 오신 주님은 약하고 상처받기 쉬운 사람들과 함께하기를 원하신다는 메시지다. '아담'은 타인을 위해 무슨 일을 하지 않아도 그저 곁에 있는 것만으로도 평화를 주는 존재, 즉 행위보다는 존재 그 자체가 그의 사역이라는 것.

이 책을 읽어 내려가면서 뉘우침의 눈물과 함께 가슴이 저려왔다. 하나님께 나는 늘 바쁘게, 열심히, 능동적으로, 적극적으로 무엇인가를 해드려야만 한다며 마르다처럼 살아왔다. 그러나 이 책 속의 '아담'처럼 그냥 그렇게 하나님의 연약한 왕으로, 아이로 존재하는 것, 그런 존재임을 고백하는 것만으로도 주께서는 흐뭇해하신다는 깨달음을 준다. 많은 일을 해야 한다는 자기만족, 자기의 의를 세우려는 욕심에 사로잡혀 바쁘게 움직이려 할 때 이 책을 기억하겠다.

《죽음, 가장 큰 선물》(홍성사, 1998)

죽음을 잘 맞이하는 일, 죽음에 처한 사람을 잘 돌보는 일을 다룬 책. 죽음은 사랑하는 사람을 잃은 '상실'이지만 동시에 '선물'이다. 죽음은 생존 투쟁의 행복한 종결이 아닌 하나님 사랑이 영원함을 보여주는 은혜의 방식이라는 것. 우리의 몸과 하나님께 속해 있는 모든 것은 그 무엇도 헛되이 사라져 버리지 않는 부활이 있기 때문이다. 나우웬이 죽음의 문턱에 이르러서 새롭게 경험한 하나님의 사랑과 삶과 죽음의 의미를 얘기해주고 있다. 나우웬의 다른 책《거울 너머의 세계》(두란노)를 함께 읽으면 좋다.

《영생에의 길》(두란노)은 영성에 이르는 네 가지 길 —기다림, 평안, 능력, 자유— 을 제시하는데 '평안의 길'은 앞서 소개한 《아담-하나님이 사랑하시는 자》의 이야기를, '자유의 길'에서는《거울너머의 세계》를 소재로 삼았다.《예수님을 생각나게 하는 사람》(두란노, 2011)에서는 영성이란 주님 앞에 열린 가슴과 생각으로 서는 것, 우리의 사랑스러운 하나님의 말할 수 없는 아름다움을 묵상하는 것이라는 정의가 돋보인다.《상처입은 치유자》(두란노, 2011)에서는 현 사회의 사역자를 '상처입은 치유자'로 정의하면서 사역자가 당한 상처가 도리어 다른 사람에게 생명을 주는 원천이 된다고 한다. 나우웬의 책 중 가장 유명한 책이다. 묵상집《예수님과 함께 걷는 삶》(IVP, 2000)에 실린 그림은 우리나라 1980년대 민중예술의 꽃 '판화' 같은 강렬한 인상을 준다. 깊은 주름살과 툭 불거진 광대뼈, 아픈 상처 속으로 걸어오시는 예수님을 말한다.

나우웬의 책을 읽어가면서 그에 대한 느낌을 생각날 때마다 짧은 말로 기록해 보았다. '백자 같은 깨끗함' '난의 향기로움' '빈약한 영혼에 물길 대는 사람' '얇지만 깊은 책들' '내면의 침묵으로 이끄는 사람' '잔잔한 호수에 비추이는 예수님의 얼굴' '얼음장 밑으로 조용히 흐르는 물' '평화의 사람' 등이다. 시인 박두진 선생은 자신이 믿어온 예수님을 '맑고 깊고 아름다운 분'이라고 유언했다는데 바로 나우웬의 책 제목처럼 나우웬의 삶이야말로 그렇게 예수님을 생각나게 하는 사람이라는 생각이 들었다. 헨리 나우웬에 푹 빠져 보낸 한 달, 첫눈을 기다리는 설렘으로 그를 만나면서 예수님을, 나 자신을 다시 생각하게 된 시간이었다.

일본 기독교 작가의 큰 봉우리, 엔도 슈사쿠

《침묵》(홍성사, 2005)

"나를 밟아라, 성화(聖畵)를 밟아라, 나는 너희들에게 밟히기 위해 존재하느니라. 밟는 너희 발이 아플 것이니 그 아픔만으로 충분하느니라."(208쪽, 213쪽)

포르투갈 선교사 로드리코 신부는 일본에서 스승 페레이라가 배교했다는 소식에 충격을 받는다. 그리고 일본으로 떠나면서 소설은 시작된다. 스승의 배교를 확인한 뒤 순교할 것을 결심하지만, 신도들이 거꾸로 매달린 채 핏방울을 흘리는 것을 목격하고는 갈등한다. 순교와 배교의 갈림길에서 배교의 행위인 성화를 밟음으로써 신도를 살려낼 것인가, 갈등하는 그에게 주님은 침묵하신다. 세상의 부조리와 불의에 하나님은 왜 침묵하시는가, 하나님은 고통의 순간에 어디 계시는가, 반항하고 회의마저 들 때가 있다. 《구약성경》의 하박국 선지자처럼 말이다. 이 책을 처음 읽었던 스무 살 나도 그런 고민을 했다. 주인공이 영광의 순교를 택하지 않고 주님의 침묵에 괴로워하며 배교를 결단하는 부분에서 사실 감동과 카타르시스를 맛보았다. 불의와 혼란으로 가득했던 1980년대 중반, 여전히 미친 이리는 거리를 활보하고 진리는 힘을 잃어버린 듯했다. 태양은 여전히 조용히 빛나고 하나님은 외면하시는 것 같았으니 세상의 불의와 부조리에 침묵하시는 하나님을 원망해도 된다고 생각했다.

17세기 일본에서 기독교 선교는 우리나라 민주화 과정만큼이나 쉬운 시절은 아니었다. 17세기 일본을 배경으로 한 이 소설은 역사적 현장감과 생생함이 책장을 넘길 때마다 실감나게 다가온다. 믿음에 대해 여러 가지를 질문하는 이 책은 한 방향의 믿음이 아닌 더 처절하게 피 끓는 믿음의 깊은 고뇌를 보게 한다. 주님을 사랑한다면서 일상생활에서 주님을 배반하며 살아가고 있다. 부끄러운 자화상을 보는 것 같다. 성화를 밟는 것이 배교라는 생각은 들지 않는다. 그것은 내 마음속의 우상과 허상을 버리는 의미로 해석해야 한다. 내 마음속의 우상과 잘못된 믿음의 껍데기를 버릴 때 내 안에 주님이 원초적으로 살아나심을 만날 수 있다. 주님과 나 사이의 높은 담일 수 있는 '그림'으로 대변되는 '우상'이 그 신성함을 잃었을 때 비로소 주님과 로드리코 신부와의 참 대화가 이루어지기 때문이다. 오늘도 눈물 흘리며 위선과 배반의 부끄러운 내 모습을 닦아낸다.

《예수의 생애》(홍성사, 1983)

20대에 읽고 난 후 누렇게 변해버린 이 책을 23년 만에 다시 읽었다. 예전이나 지금이나 아쉬운 것은 예수님의 생애를 다루지만 그 중요한 '부활'에 대한 답을 얻기가 어렵다는 것이다. 작가는 부활을 설명하고자 꽤나 노력했지만 결국엔 '수수께끼'라는 말만 되뇐다. 그 중 한 부분만을 옮겨본다.

부활은 역사적 사실인가 아니면 그리스도의 영원한 생명을 말하는 삽화인가, 이것을 생각하기 위하여 우리들은 그것을 목격했다고 하는 제자들의 경우부터 생각하지 않을 수 없다. 몇 번이나 되풀이 했지만 성서를 읽고 우리들이 깊은 수수께끼로 받아들이고 있는 사실 중의 하나는 겁쟁이 제자들이 어째서 강한 사도가 되었는가 하는 사실이다. (중략) 그와 같은 겁쟁이, 적어도 강한 신념의 소유자는 아니었던 그들이 예수가 죽은 후 어째서 각성하고 재기하여 예수의 진가를 비로소 알게 되었는지, 어째서 그들이 내부적인 변모를 하여 제자에서 사도로 바뀔 수 있었는지, 그 이유에 대해서 성서는 아무 말도 하지 않는다. 수수께끼인 채 그냥 내버려져 있다. 우리들이 풀어야 할 숙제로 남아있을 뿐이다. 부활이라는 주제는 이 수수께끼부터 풀어나가지 않으면 안 되는 것이다. (중략) 당시의 사람들에게 있어서는 죽은 자들의 힘이 타인에게 작용할 때 그것을 '부활'로 여기고 양자의 사는 방법이 동일하다는 자각이 부활신앙의 근거가 되는 것이 아닌가 생각된다. 하지만 부활신앙이 만약 이와 같은 것이라면 세례요한 교단을 비롯한 다른 예언자 그룹도 이런 신앙이 차례로 생겨났어야 했을 것이다. 왜냐하면 각기 그 지도자들은 제자에게 강한 추억과 인상을 남겼을 터이며 그의 힘과 유훈을 가장 많이 간직하고 있는 자들은 다름 아닌 제자들이기 때문이다. 그럼에도 불구하고 부활신앙은 많은 그룹 속에서 예수의 제자 교단에만 있고 더욱이 그것이 교의의 중핵이 되어 있는 것은 어째서일까. (중략) 빈 무덤 사건이 설령 창작이라 하여도 우리들은 앞서 언급한 수수께끼를 생각할 때 이 사건과 같은 정도의 충격이 다른 형태로 제자들에게 가해진 것을 인정치 않을 수 없다. 적어도 그것에 의해 제자들의 마음에 '무력한 예수'가 '힘 있는 예수'로 바뀔 만한 일이 생겨났다고 추리하지 않을 수 없다. 갈릴리라는 작은 나라 유태의 더 작은 팔레스타인 시골에서 자란 목수는 그의 짧은 생애에 있어서 제자들에게는 끝내 파악하지 못한 것은 살아있는 동안 우리들이 인생이 무엇인지를 이해하지 못하는 것과 비슷할지 모른다. 왜냐하면 그는 인생 그 자체였기 때문이다. 또한 우리들이 삶을 누리고 있는 동안 하나님을 파악할 수 없듯이 제자들에게 있어서 예수님은 이상한 사람이었다.(180~204쪽 부분 발췌)

아무리 들여다보아도 부활에 대한 명확한 진술이 없다. 그저 헛돈다. 끝이 명쾌하지 않음이 안타깝다. 《성경》 역시 부활 사건은 도리어 너무 단출하게 서술되어 있다. 왜 일까. 부활 같은 초

자연적인 신비는 무수한 언어로 설명 불가능하기 때문이기도 하고 설명하고 증명하려다보면 그저 관념적인 단어의 나열에 불과하기 때문일 수도 있다. 그저 부활은 믿는 것이고 그것이 내 삶의 큰 변화로 바뀐다는 것밖에는 설명이 불가하다는 것을 알게 된 책이다.

《그리스도의 탄생》(홍성사, 1984)

책 제목과는 달리 그리스도의 '탄생'이 아닌 그리스도의 '죽음'부터 소설이 시작된다. 짧은 생애 동안 민중과 적대자는 물론 제자들에게조차도 이해받지 못한 고독한 예수 그리스도 이야기부터 시작한다. 그러나 힘없이 흩어진 제자들이 선생님을 배반한 죄책감과 자책으로 괴롭고 긴 밤을 보내다가 내부적인 갈등인 율법의 벽과 외부적인 갈등인 핍박이 어떻게 이어지는지 또 어떻게 복음이 확장되어 가는지를 다룬다. '우리 삶 가운데 날마다 태어나시는 예수'를 주제로 한다.

청년 시절에 들은 기억에 남는 설교가 있다. 성탄절이 지난 2월 말 청년부 전도사님이 설교 본문으로 〈누가복음〉 2장을 봉독하셨다. 우리들은 의아해하면서 《성경》을 폈다. 성탄절은 벌써 지났는데 전도사님이 실수하시는 건 아닌지 했다. 그런데 우리들의 생각은 정확하게 틀렸다. 주님은 2천 년 전에 태어나신 역사적 사실, 혹은 성탄절에만 기억되어야 할 사건이 아니라 날마다 우리 삶 가운데서 새롭게 태어나셔야 하며 정의롭지 못하고 부조리한 사회와 현실 속에 다시 태어나셔야 한다는 메시지를 전하셨다. 엔도 슈사쿠의 이 책이 바로 그런 것과 같다. 제자들과 함께 하시면서 가르치셨지만 십자가에서 돌아가신 이후에야 제자들이 비로소 주님의 가르침에 눈뜨고 복음 전도의 일을 시작하고 핍박의 현장 속에서 다시 주님을 만난 것처럼, 삶의 현장에서 구원과 소망을 주시기 위해 새로이 태어나신 주님을 만날 것을 말한다.

하나님에 대한 열망, 필립 얀시

필립 얀시는 빌리 그래함이 '20세기 최고의 복음주의 작가'라고 격찬한 바 있는 《크리스처니티 투데이》의 편집인이며 칼럼니스트이다. 얀시는 풍부한 기량과 섬세함을 지닌 작가로 현재 왕성하게 저작활동을 하고 있다. 그의 책은 출간되어 나올 때마다 내게 희열과 읽는 즐거움을 더해주고 있으며 어느 한 권도 허투루 읽을 수 없다. 책을 읽으면서 작가와 깊이 사귀며 고민하며 나란히 앉아 함께 얘기하는 느낌이다.

《아. 내 안에 하나님이 없다,》(IVP, 2011)

원제는 *Reaching for the Invisible God* 즉, '보이지 않는 하나님께 다가간다.' 이 책은 제1부 '목마름 : 하나님을 향한 그 열망'에서부터 시작해 제6부 '회복 : 온전한 관계의 마무리'까지 보이지 않는 하나님을 찾아가는 순례의 핏빛 여행기이다. 이 책의 매력은 믿음이 강해 전혀 흔들림이 없어 보이는 부흥 강사의 어투나 문체가 아니라는 것에 있다. 늘 어렴풋하고 불완전한 믿음이지만 하나님을 향해 집중하여, 계속 걸어가는 그 눈물어린 열망이 보인다. 엄청난 책이다. 읽어 내려가면서 마치 내 신앙 간증문 같다는 생각이 든다. 모태 신앙이기에 뜨겁게 주님을 만난 결정적인 시점도 없다. 그런 불확실성 속에서 하나님에 대한 의심과 회의로 얼룩진 나날들이었다. 그런 가운데 하나님을 향한 갈증이 도리어 확신에 찬 믿음으로 서게 된 궤적들을 살펴보고 있다. 그러면서 지금 갖고 있는 믿음의 확신조차도 화석 같은 '완결판'이 아니라 어떤 지점에 이르기 위한 길 위의 과정(여정)에 있다는 생각이 든다.

이 책의 마지막 장을 읽은 뒤 출판사에 전화를 했다. 책 제목의 문장부호가 틀린 것 아니냐며 쉼표(,)와 온점(.)이 제목에 잘못되었으니 '아, 내 안에 하나님이 없다.'로 해야 하지 않느냐고 했다. 이 책은 문자 그대로 '내 안에 (정말) 하나님이 없다'는 의미가 아니라 하나님에 대한 의심과 회의 속에 있더라도 도리어 그 안에 하나님은 충만해 있기에 그것을 반어법적으로 표현하고 여운을 주기 위해 온점(.)과 쉼표(,)의 순서를 바꾸어 하나님을 찾는 여행의 지속성을 표현하려 했다고 한다. (이후 개정판 제목은《아, 내 안에 하나님이 없다》로 바뀌었다.)

《놀라운 하나님의 은혜》(IVP, 2009)
비은혜의 시대에 마지막 최고의 단어 '은혜'가 왜 그렇게 놀라운지, 은혜의 깊이, 험한 세상에서 어떻게 은혜의 삶을 살아갈지를 추적해 가면서 많은 이야기를 들려주고 있다. 하나님의 은혜를 충만히 누리지 못하고 도덕적 차원에만 머무는 우리, 오직 사랑과 용서만이 은혜의 차원으로 끌어올릴 수 있다고 말해준다.

 얀시의 거의 모든 책들이 베스트셀러가 되는 이유는, 불확실성 시대에 살고 있는 우리들이 불분명하고 관념적인 하나님을 믿어가는 과정에서 공감하는 부분이 많아서가 아닐까? 얀시의 책에는 하나님을 향한 의심과 회의에 찬 물음들이, 확신과 소망을 향해 한 걸음씩 나가는 순례자의 모습이 있다. 대개는 위대한 신앙인들을 보면 상대적으로 자신의 작은 믿음을 하찮게 보며 좌절하지만 그는 위인들의 위대함보다는 믿음에 서기까지의 신앙여정에 초점을 두고 있다. 확신에 서기 위한 의심과 회의의 유익함을 말해주고 있는 것이다. 그리고 그의 책들은 한번 펴면 내려놓을 수 없게 만드는 힘, 즉 이야기를 끈끈하게 이끌어가는 서사성과 맛깔스러움이 있어 독자들에게 인기가 있는 것 같다. 하나님에 대한 열망으로 가득했던 얀시의 책을 읽으며 떠오른 《영혼의 자서전》(니코스 카잔차키스)에 나오는 세 가지 기도를 옮겨본다.

 나는 당신의 손에 쥔 활입니다.
 내가 썩지 않도록 나를 당기소서.
 나를 너무 세게 당기지 마소서, 주님.
 나는 부러질지도 모릅니다.
 나를 한껏 당겨주소서, 주님.
 내가 부러진들 무슨 상관이 있겠나이까.

《하나님, 나는 당신께 누구입니까?》(요단, 2001)

'《구약성경》을 읽으며 나를 발견하는 길'이라는 이 책의 카피처럼 〈신명기〉(쓰고도 단 인생), 〈욥기〉(어둠 속에서 바라보기), 〈시편〉(마음을 쏟아놓는 기도), 〈예언서〉(하나님께서 대꾸하신다) 등을 다루되 그 해석이 신선하다. 특히 〈욥기〉에 대한 해석이 탁월하다. 평안했던 욥 → 이유 없는 고난 → 인내 → 축복이라는 도식적이고 정체된 해석을 넘어 고난 뒤에 숨어있는 진리와 의미를 보아야 한다고 말해준다. 욥은 고난의 이유를 물었으나 하나님께서는 그 이유를 직접적으로 설명하지 않으시고 다만 세상이 어떻게 불합리하게 보이든 간에 이 세상을 주관하고 계심을 알라고 하신다.

사람과 사람, 믿는 이들의 큰 바위 얼굴

우리 한국 기독교역사에는 낯선 조선 땅에 복음을 들고 와 우리 민족에게 복음을 전해준 숱한 선교사들의 헌신이 씨줄과 날실로 엮여있다. 조선인보다 조선을 더 사랑한, 천개의 심장이 있다면 조선에 그 모든 것을 바치겠다는 양화진 외국인 묘역에 묻힌 선교사들, 일생을 오직 사랑이라는 이름으로 살다간 성산 장기려, 아름다운 빈손으로 실천적 삶을 올곧게 살다간 한경직 목사, 믿는 이들에게 주는 메시지가 강력하다.

정연희
《양화진》(홍성사, 1992)

소설 《양화진》을 읽고 작가에게 창작의 영감이 되어주었다는 양화진 외국인 묘지공원을 다시 찾았다. 조선시대 말기 그 혼란스런 시절에 복음을 던져 준 선교사들의 묘역, 숭고한 죽음 앞에서 겸허해진다.

소설을 읽으면서 소설 속 선교사들 사이의 미묘한 갈등, 사랑과 좌절을 통해서 그들도 우리와 성정이 같은 사람이라는 인간적인 매력을 느꼈다. 역사적 사건을 소설 형식으로 풀어내 소설인지 다큐멘터리인지 분간이 가지 않을 정도로 사실적이고 생생해 역사 소설로서 손색이 없다. 그래서 우리 기독교 문학사상 유례가 없는 대작임에 틀림이 없다. 그렇지만 안타까운 점은 우리나라는 기독교 문학 작품들이 풍성하게 창작되지 못해서인지 소설《양화진》은 문학적 평가와 비평의 칼날을 거부한 채 훌륭한 작품, 잘 된 작품으로만 보고 칭찬 일변도로 달리는 것이다. 역사적인 사료와 자료에 입각해 치밀하고 성실하게 작품의 완성도를 높이려고 한 것은 사실이지만, 위대하다고 칭찬하는 작품일지라도 뒤집어서 생각해보는 '머뭇거림'이 필요하다. 독자로서 마땅한 일이다.

첫째, 이 작품은 작가의 개입이 지나쳐 독자의 상상력을 가로막는다. 충분히 독자가 느낄 수 있는 것까지도 작가의 일방적 서술로 독자의 상상력을 방해하고 흥미를 막고 있다.

둘째, 이 소설의 시간적 배경이 되는 흥선 대원군과 명성황후의 대립을 시아버지와 며느리의 악에 찬 대립구도 정도로 기술한 부분이다. 개화기에 불어 닥친 엄청난 열강들의 위력 앞에서 흥선 대원군이나 명성황후는 그들 나름대로 시국적 난관을 해소하기 위한 고민과 해결책을 제시하였다.(물론 개인적인 정치적 야욕을 배제할 수는 없겠지만) 이는 당시 개화파 김옥균과 전봉준의 입장이 달랐던 것처럼, 대원군과 명성황후의 입장을 '집안싸움' 정도로 보는 작가의 시각은 분명 잘못되었다고 본다. 또한 명성황후를 '민비'라고 호칭을 낮추어 말하는 것 역시 식민지 역사관을 벗어나지 못한 작가의 한계라 생각한다.

셋째, 선교사들의 업적을 높이 사기 위해 상대적으로 조선을 지나치게 폄하한 작가의 견해에 문제가 있다고 본다. 선교사들이 첫발을 내딛던 우리 조선을 미개한 나라, 뒤떨어진 나라, 정신적으로나 정치적으로나 황폐하기 이를 데 없는 곳으로 묘사한 부분이 너무 많다. '후진국 문명화에 대한 선진국의 책임'을 내세우는 작가의 제국주의적 논리가 깔려있다. 물론 선교사들은 선교의 발판을 마련하기 위해 공개적인 복음전도는 뒤로 미루고 의료와 교육 사업부터 시작했지만 작가는 우리 민중들이 갖고 있는 자생적인 힘과 항일정신을 그리는 데는 소홀했다. 물론 소설 뒷부분에 전봉준의 갑오농민전쟁을 그리긴 했지만 작가는 외국 선교사들의 의술행위와 선교를 위한 여러 행적들을 지나치게 시혜적으로 그리고 있다. 이것은 선교정신에도 바람직한 관점은 아니라고 본다.

역사의 궤적을 더듬어보면 현재의 자기를 살피고 미래에 나아갈 방향을 잡을 수 있다. 즉 현재의 나, 현재의 우리가 누구인가를 묻는 질문, 그 대답은 지나온 시간을 거슬러가 보면 안다. 그래서 역사를 과거와 현재의 대화라 하나보다. 역사에서 지금의 '나'와 지금의 우리 '신앙 공동체'의 현재를 본다.

신앙고백으로 드려지는 〈사도신경〉, 그 짧은 고백문 속에는 수많은 세월을 거치면서 사악한 이단의 무리들과 투쟁해 지켜온 경건한 신앙선배들의 땀과 피의 흔적, 그리고 역사의 주도권을 쥐고 계신 하나님을 발견하게 된다. 나와 인류의 역사를 이끌어 오신 하나님의 경륜과 섭리를 어느 한 정점에서 훑어보고 꿰뚫어 보는 것! 이것은 바로 하나님께 받은 복을 세어보는 믿는 이의 마땅한 행위가 아닐까 한다.

"나는 웨스트민스터 사원에 묻히기보다 한국에 묻히기를 원하노라" - H.B. 헐버트

"나에게 천의 생명이 주어진다 해도 그 모두를 한국에 바치리라" - R. 켄트리

이기환

《성산 장기려》(한걸음, 2000)

성산(聖山) 장기려를 지칭하는 별명은 참 많다. 한국의 슈바이처, 사랑의 의사, 약속을 가진 할아버지 등. 한걸음 출판사에서 나온 '아름다운 사람 시리즈' 중 한 권인 이 책을 읽으면서 '이렇게 산 사람도 있구나' 감탄하며 그의 인품과 신앙 세계 속으로 빨려 들어갔다.

1911년 평안북도 용천에서 태어난 장기려는 고교시절 한때 방탕한 시간을 보냈다. 그러다 시간을 허비했음을 깨닫고는 세례를 받으면서 가난한 사람들을 위해 평생을 바치겠다고 주님과 눈물로 약속한다. 성산은 경성 의전 졸업 후 외과의사가 되어 평생을 예수 그리스도에 대한 신앙과 책임감으로 환자를 돌본다. '간(肝) 대량 절제 수술'에 성공해 큰 화젯거리가 되었을 때 성산은 하나님께서 시키는 대로 손만 움직였을 뿐이라며 자신의 업적을 하나님께 돌렸다. 자신은 가진 게 너무 많다면서 병원비를 못내는 가난한 환자에게 병원 뒷문을 열어놓고 보내주기도 한다.

이 책에는 성산의 미담을 소개한 일화가 많다. 일화 중에는 보통 사람들의 삶과는 다른 부분, 즉 실천적 부분에서 많이 다르다. 한 사람이 잘 먹는 한 끼의 식사로 몇 사람이 굶지 않는다면 잘 먹는 것도 죄로 여기며 도지사가 와도 자신의 단골 점심메뉴였던 라면을 대접하는 일이라든가, '바보 소리를 들으면 성공한 것이야. 세상에 바보로 살기가 얼마나 어려운가'라는 말은 바로 그의 깊은 신앙에서 비롯된 것이었다.

한국 전쟁 때 국군을 따라 남하한 그는 곧 다시 만날 것 같았던 가족들과 영영 만날 수 없게 되었다. 그는 자신이 남쪽에서 누군가를 도와주고 돌봐주면 그 누군가도 북쪽의 가족들을 돌보아줄 것이라는 소망을 갖고 가난한 이들을 헌신적으로 돌본다. 그러다 40년이 지난 뒤 아내와 서신으로나마 소식을 대한다. 다음은 편지 일부다.

여보, 어느 덧 40년이 흘렀소. 6.25 참화로 가족과 생이별을 한 이가 어찌 나뿐이오만 해마다 6월이 되면 뭉클 가슴 깊은 곳에서 치미는 이산의 설움을 감당하지 못하고 기도로 눈물을 삭이곤 합니다. 후퇴하는 국군을 따라 평양을 떠날 때 둘째 가용이만 데리고 월남한 것이 지금 내 가슴에 못이 되었소. 차마 앰뷸런스를 세울 수가 없었소. 환자의 차에 얻어 탔다는 죄책감, 그리고 만약 차를 세운다면 피난민들이 몰려와 너도 나도 태워달라고 간청할 것이 뻔하기 때문입니다. 나는 생전에 평화통일이 될 것으로 믿습니다. 우리는 온 민족이 함께 어울려 재회의 기쁨을 나누는 그

날 다시 만날 것을 확신합니다.(장기려의 편지)

기도 속에서 당신을 만나고 있습니다. 부모님과 아이들이 힘든 일을 당할 때마다 저는 마음속의 당신에게 물었습니다. 그때마다 당신은 이렇게 하면 된다고 응답해주셨고 저는 그대로 하였습니다. 잘 자란 우리 아이들, 몸은 헤어져 있지만 저 혼자 키운 것이 아닙니다.(부인의 편지)

45년 간 간절한 기도 제목이었던 아내와의 재회는 끝내 이루지 못했지만 차라리 하늘에서 영원히 만날 것을 바라보는 성산. 아내에 대한 애틋한 사랑 때문에 기다림으로 일관하고 다시 결혼하지 않은 순정적인 사랑도 아름답지만 그의 삶이 더 아름다운 것은 예수님의 비유 중 착한 사마리아 사람을 보는 것 같은 감동 때문이다. 병든 사람을 살피고 치료하고 살려내는 일이라면 대가없이, 아니 손해를 감수하면서까지 전부 내어준 사람, 바로 상처받은 우리의 참된 이웃인 예수님 같은 사랑의 사람이 아닌가 생각해본다. 이 책의 진정한 가치는 한 인간의 위대함이나 논리적이고 철학적인 사랑의 이론이 아닌 삶으로 녹여낸 실천적인 사랑의 힘 바로 그 것에 있다. 초등학교 어린이를 대상으로 나온《할아버지 손은 약손》(한국 문원)도 있다.

한경직 목사 기념사업회
《아름다운 사람 한경직》(규장, 2000)
책 제목처럼 '아름다운 사람'으로, 주님 안에서 주님을 위한 삶을 사시다가 가신 분으로 과연 한국 기독교를 대표할 인물이다. 별세하신 한경직 목사를 추모하는 네티즌들의 글을 모아놓은 이 책에서는 생전의 사진과 동료 목사, 교우들의 글을 묶었다. 교회와 민족에 대한 열정을 가진 그는 전쟁, 산업화, 민주화의 과정에서 고난받던 민족에게 희망과 위로가 되었다. 또한 월드비전 창설, 쌀 나누기 운동을 시작한 업적으로 1992년 종교계의 노벨상인 '템플턴상'을 수상해 시상금을 북한선교에 내놓았다. 이런 업적과 함께 존경받은 이유는 겸손한 인격, 청빈한 삶 때문일 것이다. 또한 우리교회 30년 역사를 집필하신 김수진 목사의 책《아름다운 빈손 한경직》(홍성사)도 있는데 특별히 이 책은 한경직 목사의 일생을 시간의 흐름에 따라 기술해 읽기가 수월하다.

우찌무라 간조
《회심기-내 영혼의 항해일지》(홍성사, 2001)

1986년에 《나는 어떻게 크리스천이 되었는가》(홍성사)라는 제목으로 출간되었는데 제목을 달리해 새롭게 나왔다. 이 책이 지금도 독자들을 끄는 이유는 무교회주의자를 따르려는 게 아니라, 기독교인이 상대적으로 적은 일본에서 교회를 바르게 세우고 민족을 사랑하기 위해 고민하며 살았던 그의 삶과 사상을 통해 한국교회의 정체성을 다시 생각해 보기 위함이 아닐까 한다. '성서일본'을 꿈꾸고 기독교 정신으로 길러낸 청년들이 민족을 섬기도록 한 그는 우리나라 기독지성인들에게 영향을 끼쳤다. 17세부터 28세까지의 일기를 기본 자료로 해서 1895년에 집필한 이 책은 회심에 이르기까지의 내면 갈등을 섬세하게 그리고 있다.

사무라이 가문의 아들로 태어나 어릴 때부터 신사와 우상에 절을 하며 수많은 신들을 섬기고, 금기를 지켜야 했으나 모든 신을 만족시킬 수 없음을 알고 고뇌한다. 그러다가 17세에 미션스쿨에 입학한 뒤 기독교로 개종해 참 안식을 누리게 된다. 하나님만을 예배하고 섬기는 것에서 진정한 자유를 누리게 된 그는 진정한 기독교 공동체를 만들기 위한 모임도 갖는다. 또한 복음의 본질을 지키려는 노력과《성경》을 최고의 진리로 선포하는 '성서일본'(일본을 성서 위에 세우자)의 뜻도 펼친다. 그는 무교회주의 표방으로 비록 우리 믿음의 사람들에게 회의적 시각을 갖게도 했지만, 내가 감동받은 부분은 신앙을 자기만족과 깊게 연계시키려는 노력과 교회를 교회되게 하려는, 진정한 교회를 꿈꾸는 그의 처절한 몸부림이었다. 사실 이런 고민이 없다면 신앙이란 한낱 개인주의적인 행복과 구원에 국한시키는 편협함에 머물 우려가 있다. 고민 없는 맹목은 또 다른 오류에 빠지고 분별력을 잃게 될 것이다.

닥터 셔우드 홀

《닥터 홀의 조선 회상》(좋은씨앗, 2009)

120년 전 조선 말엽부터 2차 세계대전이 일어나기 직전까지 이 땅과 이 민족을 사랑한 닥터 홀 일가의 2대에 걸쳐 이어온 헌신을 보여주는 책. 아마 피 끓는 20대 청춘에 이 책을 읽었다면 기독교의 제국주의적인 면을 비판하고 우리 민족을 폄하한 외국인의 시각과 동학농민운동을 그저 외국인을 추방하려는 움직임

정도로 본 것에 크게 반기를 들었을 것이다. 게다가 우리 민족을 단지 개화하려는 대상, 시혜적인 대상, 자생적인 에너지가 없는 그저 도와주어야 할 대상으로만 본 작가의 시각을 분명 날카롭게 지적했을 것이다.

그러나 20대가 지나고 그 갑절의 시간을 보낸 지금 우리 역사에 '사랑'의 이름으로 개입하셨던 하나님의 역사와 흔적들을 알게 되는 나이가 되어보니, 책임 없는 비판보다는 조선을 사랑하신 하나님께서 '자기의 사람들'을 보내어 자비와 긍휼을 보여주신 '사랑'만이 다가온다. 의료와 선교, 교육 분야의 업적들이 다가온다. 구체적으로 말하면 망국병 결핵으로부터 한민족을 구하려고 북한 해주에 세운 최초의 결핵요양원, 크리스마스실 판매 등 예수님의 절대적 사랑, 십자가의 사랑, 그 자체만을 실천적으로 보여준 사랑의 역사를 보게 된다. 죽어서도 이 땅에 묻히길 소원했던 셔우드 홀과 그의 아내 매리언 홀의 가슴 속에 있었던 조선과 조선인에 대한 사랑과 헌신을 보았다.

한국인으로 존재하는 현재의 나는 그저 단독자로 존재하는 한 사람이 아니라 믿음의 선진들에게 빚진 자임을 알게 되었다. 하나님께서 한민족을 사랑하셔서 이 땅에 내려주신 복이었다. 가슴에 큰 사랑을 갖고 실천적 사랑을 베푼 닥터 홀을 비롯한 선교사들에게 깊은 감사의 마음을 갖게 되었다. 이 책은 단순히 2대에 걸친 선교사 가족의 이야기라기보다는 한국선교 백여 년 역사이자, 살아계신 하나님의 발자취이다. 닥터 홀 가족은 그리스도 사랑을 실천한 본보기이다.

"나의 청진기로 조선 사람들의 심장을 진찰할 때면 내 심장도 조선과 함께 뜁니다." -닥터 셔우드 홀

백종국
《한국기독교의 역사적 책임》(IVP, 1993)

어린이들은 대체로 책이나 영화 속 주인공을 자신과 동일시하는 심리가 강하다. 따라서 적당한 시기에 위인전을 읽혀 삶을 본받고 따르게 하면 교육적인 효과를 기대할 수 있다. 이 시대는 진정한 영웅이 없다고들 하지만 그런 회의적인 말보다 그리스도인들이 성경적 안목으로 시대를 읽고 해석하는 능력을 갖는 것이 우선이 아닐까 생각한다. 이 책은 시대와 역사를 이해하는 것, 특히 기독교적인 안목을 갖고 해석한다는 것의 본보기를 보여준다. 건국 초기의 국가 형성과정과 한국전쟁, 4 19혁명과 제2공화국, 박정희 정권 등의 역사를 소개하고 있다. 우리나라 자본주의 형성과정, 자본주의 체제하에서 발생한 천민자본주의를 비판하고 기독교인의 잘못된 국가관, 문화의 신민주의적인 성향을 날카롭게 분석한다.

또한 그리스도인이 가져야 할 국가관을 제시하고 그리스도인의 회개, 법치주의 실현, 개혁적 지도자의 양성, 기독 실업인의 훈련, 기독 주부들의 훈련 등을 강조하고 있다. 또한 그리스도인의 무지와 독단을 감소하는데 도움이 되는 책을 소개한다. 우리가 발딛고 서 있는 이 땅 이 나라 이 사회에서 어떻게 그리스도인으로서 바르게 신실하게 살 것인가, 교회는 어떻게 사회와 역사를 읽

어내고 책임을 질 것인가를 풀어낸 책이다.

윈 형제
《하늘에 속한 사람》(홍성사, 2004)

현대판 〈사도행전〉의 기적, 윈 형제의 중국 전도행전 《하늘에 속한 사람》. 제목이 주는 부담감을 갖고 읽었다. 나와는 거리가 먼 특별한 사람이겠거니 하면서…. 그러나 나와 같은 시대를 호흡하고 있는 주인공이 겪은 생생한 흔적을 보면서 안일하게 살고 있는 부끄러운 나를 발견한다. 정부의 종교 정책에 반항한 죄로 감옥에 갇히게 된 윈에게 교도관은 《성경》을 주지만 그는 무릎을 꿇고 눈물을 쏟으며 꿈이 현실로 이루어진 것에 감격한다.

종교 죄 때문에 수감된 그가 《성경》을 얻게 된 것은 '은혜'였다. 감방에서 떨리는 손으로 《성경》을 펴고 창문으로 들어오는 희미한 햇빛만으로 〈히브리서〉부터 〈요한 계시록〉까지를 암송한다. 그는 이 말씀으로 모든 어려움을 이겨낸다. 이 책의 저자 윈 형제처럼 믿음 때문에 겪는 시련과 죽음의 위협 안에서 난 믿음을 지킬 수 있을까? 기독교인들은 하나님의 이름과 하나님의 의지가 실현되기를 드러내는 사람들일진대 나는 숨지 않고 드러낼 수 있을까? 내 믿음의 무게는 얼마 만큼일까? 나는 하늘에 속한 사람일까? 끊임없이 내 믿음의 실체를 의심하고 근심하게 하는 책이다.

김용주

《루터 혼돈의 길에서 길을 찾다》(익투스, 2012)

번역서가 아니어서 편하게 읽혀지는 책이다. 2013년 종교개
혁지 탐방 강의 때 루터의 생애와 사상에 대한 강의를 듣고 더 깊
이 공부하기 위해 읽었던 책이다. 저자의 표현처럼 루터는 개혁
가였지만 여전히 '중세의 아들'이다. 그는 스콜라 철학에 물들었
고 종교개혁을 강력하게 부르짖으며 종교개혁을 하고 교회를 세
웠다. 개혁적 예배를 드렸고, 믿음으로 의롭게 된다는 하나님의
의를 강조했다. 그러나 그는 완전히 가톨릭의 틀을 벗어나지 못
했던 것이다. 예배 중 〈사도신경〉으로 신앙고백을 하면서 문득 루
터를 떠올려본다. 내가 현재 고백하고 있는 신앙 고백의 내용들,
기독교 교리들은 마땅히 내게 걸어 들어온 것이 아니다. 개혁가
들의 피흘림과 선각자들의 처절한 죽음 속에서 전승되었다. 용감
한 이들에 의해 세상이 그렇게 움직여왔고 역사에 위대한 한 획
을 긋게 되었음에 감사한다.

자연과 생태, 하나님이 주신 아름다운 것

흔히 식물은 움직이지도 못하는 수동적인 존재로 볼 수 있지만 자연과 생태 책들을 읽고 나면 식물의 위대함에 머리가 숙여진다. 특별히 크리스천이라면 자연이 경이로움으로 가득할 수밖에 없다. 교리적으로 보아도 그렇다. 기독교 교리는 일반계시(자연계시, 근원적 계시)와 특별계시를 나누어 설명한다. 일반계시란 자연, 양심, 역사, 세 가지를 말한다. 하나님이 지으신 자연을 통해 창조자 하나님을 알 수 있는 가능성을 계시한다는 것이다. '양심'을 통해서는 하나님의 심판을, 인류의 역사를 통해서는 역사를 이끄시고 섭리하시는 하나님을 알 수 있다는 것이다.

하나님이 창조의 손길을 펴서 만드신 자연의 모든 만물 속에서 경이로움을 발견하고 하나님의 뜻과 창조의 목적과 섭리를 발견한다는 것이다. 특별계시인 예수 그리스도의 복음을 모른다 해도 창조된 자연만물을 통해서도 하나님을 발견한다는 것이다. 그래서 인류 누구에게나 공평하고 보편적으로 미치는 하나님의 자비와 사랑을 말할 때 일반계시를 말한다. 이와 달리 특별계시는 하나님의 말씀인 《성경》과 예수 그리스도 자체를 말한다. 자연을 통한 일반계시를 깨닫지 못한 인간을 위해, 보다 분명한 계시로 그리스도를 이 세상에 보내주셔서 하나님의 구원을 완성하신다는 것을 말한다.

아브라함 헤셸은 '나는 하나님께 결코 성공을 구한 적이 없다. 다만 경이로움을 구했다. 그리고 하나님은 그것을 허락하셨다'라고 했다. 하나님을 감탄한다는 것은 그것이 특별계시이든 일반계시이든 믿음의 대상인 하나님을 경이로운 눈으로 바라본다는 것이다. 그러한 눈으로 자연을 바라보면 풀 한 포기, 꽃잎 한 잎도 달리 보인다. 그러한 경이로움으로 다음의 책을 읽어갔다.

이상일
《넌 왜 꽃도 없이 열매 맺니》(베드로서원, 2003)

식물을 통해 말씀하시는 하나님을 발견하는데 좋은 책이다. 예수님도 공중의 새, 들의 백합꽃, 밀, 포도나무로 메시지를 전하셨다. 자연은 하나님을 인식하는데 좋은 자료가 되고 선생이 되어준다. 그러나 허리 굽혀 들꽃의 향기를 맡고 풀포기를 들여다보면서 하나님의 손길을 느낄 여유가 없는 게 우리네 현실이다. '꽃도 없이 열매를 맺는 것'은 무화과를 말한다. 무화과는 사실 꽃이 피지 않고 열매 맺는 것이 아니다. 꽃은 봄부터 여름까지 잎겨드랑이에 돋아나 꽃주머니 안에서 '속꽃'으로 피고 꽃주머니 안에 작은 꽃들이 많이 달리고 가을이면 그 꽃주머니가 그대로 익어 무화과 열매가 된다. 꽃이 피지 않고 열매를 맺는 것처럼 보이는 무화과나무 열매가 '속꽃'같은 '은밀함의 영성' '속꽃'으로 피었다가 하나님 나라에 가서 비로소 활짝 피어나는 하늘나라의 꽃임을 말한다.

또한 든든한 담장 울타리가 되어주는 탱자나무의 가시는 가정을 위협하는 세력을 막아주는 아버지의 모습을, 새끼 감자가 자랄 때까지 저수기관과 당분의 저장기관의 역할을 감당하는 씨감자를 어머니의 사랑이라고 말한다. 오염된 물을 정화시키는 갈대, 마디가 있어서 꺾이지 않는 대나무, 껍데기를 벗겨냄으로써 좋은 열매 맺는 감나무, 굳은 절개를 상징하는 소나무 등 20가지 식물의 특성에서 영적인 교훈을 발견한다.

특히 대나무는 아래에서부터 위까지 마디가 규칙적으로 있어 어떤 비바람에도 결코 꺾이지 않는 특징을 보여준다. 마디가 없으면 매끈해서 보기 좋을 것 같은 데도 때마다 생기는 마디가 대나무의 큰 키를 든든하게 지켜낸다는 것, 즉 고난을 의미하는 마디는 저주가 아니라 축복이라는 역설을 펼친다. 이 밖에도 혹독한 강추위를 견뎌내는 보리, 부귀영화의 덧없음을 상징하는 무궁화, 치밀하고도 치열하게 삶을 꾸려나가는 잡초도 소개하고 있다. 찬찬히 자연을 살펴보면 하나님께서 우리에게 들려주고자 하시는 말씀을 들을 수 있다. 푸른 잎새로 가득한 7월, 눈을 들어 하나님의 뜰을 둘러보면 하나님의 손길을 느낄만한 곳들이 많다.

프란츠 알트

《생태주의자 예수》(나무심는사람, 2003)

인류는 산업 혁명 이후 물질적 풍요를 누려왔다. 그러나 풍요는 생존과 지구환경을 위협하는 환경오염으로 돌아오고 있다. 그러나 우리는 여전히 풍요로움이 주는 관성에서 벗어나지 못한 채 살아가고 있다. 이상 기후는 전 지구적 문제가 되고 지금의 삶을 지속시킬 수 있을지 예측도 불분명하다. 이제야 이 모든 재앙이 인류가 저지른 '발전'의 결과물임을 반성한다. 이 책은 이 시대의 이슈인 환경 문제를 정확하게 짚어내고 대안으로 생태적인 삶을 사신 예수님을 모델로 제시한다. 생태적인 삶이란 고갈 위기에 있는 석유 에너지 대신 태양과 바람 에너지를 이용하고 교통정책이나 수자원정책, 농경정책을 생태적으로 전환하는 것이다.

또한 인류의 평화가 에너지와 긴밀하게 연결되어 있는데 석유, 천연가스, 우라늄 같은 자원이 부족해질수록 그 자원을 차지하기 위한 무력 충돌이 증가한다고 지적한다. 에너지 소비량이 많은 나라일수록 안정적인 에너지 확보를 위해 전쟁을 불사할 것이다. 이를 예견한 저자는 예수님처럼 생태적인 삶을 살아갈 것을 거듭거듭 강조한다. 풍요로운 삶만을 이기적으로 추구하지 말자고 한다. 물질에 대한 욕망과 소유에 대한 가치관을 바꿔 인간다운 삶, 생태적인 삶을 실천해 지구 생태계를 보호하고 보존하는데 중점을 두어야 한다는 것이다. 현대를 살아가는 우리들에게는 실현 불가능해 보이기도 하다. 서구 문명적인 삶을 과감히 거부하고 살다간 《스콧 니어링 자서전》(실천문학사)도 함께 읽으면 좋다.

톰 하트만
《우리 문명의 마지막 시간들》(아름드리미디어, 1999)
나는 내 사고를 전환시켜 주는 이런 책들을 사랑한다. 기존의 상식과 가치관들을 트집잡는 책, 눈을 휘둥그레지게 하는 이런 책은 내 관심과 사랑을 충분히 받을 만하다. 이 땅의 청지기로서의 사명을 생각하게 한다. 인구 증가와 전래문화의 상실, 생물종의 멸망, 석유 고갈, 신문화와 구문화의 차이 등을 말하면서 신문화 속 인간은 자연을 지배 대상으로 삼고 노예처럼 부리고 '문화 질병'을 일으켜 멸망의 길로 걷게 했다고 한다. 대개 '문명'을 '발달'이라고 하지만 신문화가 만들어낸 문화는 질병의 문화이며 자연을 제외시킨 '고립'에 빠져 있다고 이 책은 진단한다. 지금까지는 원주민을 노예로 삼고 땅과 황금을 빼앗은 서구 문명이 지구의 주인인 듯 행세해왔다. 그러나 그 '문명'은 선량한 주인이 아니라 착취자, 침략자였다. 이런 야만적인 횡포를 일삼은 문명국가들은 각성하고 회개해야 할 것이다.

이 책에서 하트만은 메소포타미아인의 문명 발생 이전의 생활방식과 세계 곳곳에 흩어진 원주민들의 공동체 생활에서 그 대안을 찾았다. 공동체 원주민들은 자연과 조화를, 경쟁보다는 협력을, 눈앞의 이익을 위해 자연을 이용하기보다는 분별력 있는 이용을, 자연물 속에서 신성을 느끼면서 살아왔다. 그러한 방식이 지구를 무한히 지속할 수 있는 생명유지 방식이라는 것이다. 한번 사용한 에너지는 다시 스스로 재생산해낼 수 없는 물리적인 한계가 있다는 엔트로피 이론처럼 대량생산, 대량소비를 추구하는 '발전'이라는 이름 아래 인간다운 삶과 환경을 파괴하는 '문명'의 괴력 앞에서 인간의 욕망을 채워주는 공급원으로 환경을 대해서는 안 될 것이다. 환경 보전은 단순한 생활지침 실행만이 아니라 환경을 바라보는 본질적인 사고의 전환이 더 중요함을 알게 되었다. 내가, 인간의 문화가 하나님이 주신 땅을 얼마나 죽이는 삶을 살고 있는지 반성하게 된 책이다.

장 지오노
《나무를 심은 사람》(두레, 2005)

지난해 며칠 계속된 산불로 나무들이 모두 타버렸는데 봄이 되자 산 계곡을 따라 연초록빛 풀들이 피어 생명띠를 형성했다는 신문의 화보를 보았다. 그야말로 '잔인하게 아름다운 생명'이었다. 폭설과 함께 계속된 강추위, 얼어붙은 이 땅에 봄은 오지 않을 듯 타버린 숲은 생명의 기운이라곤 없는 듯했지만 따뜻한 봄기운을 견딜 수 없어 새싹을 땅밖으로 밀어내고야 말았다. 눈물겨운 생명이 그렇게 탄생했다. 멀리, 그러나 그렇게 멀지 않게 곧 우리네들 곁에 가까이 다가설 이 봄에 희망의 이야기, 장 지오노의 짧은 소설《나무를 심은 사람》을 만났다.

알프스 고산지대를 도보로 여행하던 '나'는 그곳에서 홀로 양을 치는 노인 엘제아르 부피에르를 만난다. 사람들이 나무를 분별없이 베어내 살벌한 바람만 불어대는 이 땅에서 양치기 노인은 소박하고도 경건한 믿음을 잃지 않고, 하루도 거르지 않고, 서두르지 않고, 나무씨앗을 심는다. 3년 전부터 이렇게 나무를 심어 10만 그루의 도토리를 심었는데 그중 2만 그루의 싹이 나왔다. 나무를 심고 가꾸는 이 노인의 끈질긴 노력이 새로운 삼림을 탄생하게 했고, 수자원을 회복시켰으며 사람과 마을을 행복하게 해주었다는 내용이다.

엘제아르는 어린 나무를 위협하는 양치는 일은 그만두고 양봉업을 할 정도로 나무 심는 일에 열중한다. 그는 자기가 심은 10만 그루 중 8만 그루가 죽었어도, 죽은 것은 생각지 않고 살아있는 2만 그루를 바라볼 줄 아는 희망의 사람이었다. 이것을 보면 사람이란 파괴뿐 아니라 하나님의 창조의 손길에도 협력할 수 있는 소망의 존재, 선한 존재임을 알게 된다. 평화롭고 규칙적인 일을 흔들림 없이 계속하는 동안 하나님은 이 노인에게 건강을 주셨고, 그는 '나는 하나님의 운동선수'라고 고백한다. 황무지를 가나안으로 만든 위대한 한 사람의 끈질긴 열정을 그 노인에게서 찾게 된다.

이 책은 애니메이션으로도 제작되었는데(프레데릭 백 감독) 1987년 아카데미 단편상을 수상했다. 문학으로서도 우수하지만 영상예술로도 훌륭히 소화해낸 탁월한 작품으로 인정받고 있다. 일반적으로 애니메이션은 투명한 비닐에 등장인물의 그림을 그리고 고정된 배경그림을 밑에 깔아 비닐의 일부분만 바꾸어가며 한 장 한 장 촬영하여 필름을 만드는데, 이 영화는 5년 반 동안 감독 혼자서 한 장 한 장의 움직임을 그려 넣었다고 한다. 파스텔 질감이 나는 화면을 위해 독한 화학약품을 사용하다가 끝내 감독은 한쪽 눈을 실명했다. 작품 속의 엘제아르 노인이나 작품 밖의 영화감독이나 자연과 인간에 대한 진지함과 애정, 겸허한 열정은 본받을 만하다. 황량한 땅 위에 어김없이 피어나는 생명, 그것은 우리들이 자신의 고난에 대한 불평과 불만으로 가득 차 있을 때 하나님께서 사람에게 주시는 조용하고도 확신에 찬 대답이다. 하나님의 주권으로 피조물을 다스리고 있음을 자각하라는….

누가 능히 그 추위를 감당하리요. 그 말씀을 보내사 그것들을 녹이시고 바람을 불게 하신즉 물이 흐르는도다.(시편 147:17,18)

헨리 데이빗 소로우

《월든》(은행나무, 2011)

홀로 바람 쐬러 오른 춘천행 기차 안에서 읽은 책. 멕시코인들이 '매 52년이 끝나는' 시점마다 지낸다는 '정화제'가 인상적이다. 52년마다 한 세상이 끝나고 새로운 세상이 시작된다고 믿었기 때문이다. 실제로 모든 잡동사니들을 모아놓고 불태워버리는 의식, 이 '허물을 벗는 의식'을 치른다니 얼마나 지혜로운가. 우리 인생도 마찬가지, 이런 의식 하나쯤은 있어야 하지 않을까? 캐런 킹스턴 《아무것도 못 버리는 사람》(도솔, 2011)도 각종 잡동사니와 종이더미들이 마음을 어수선하게 하면서 인생을 복잡하게 한다고 했다. 잡동사니들이 주는 부정적인 에너지, 정체된 에너지를 버리고 인생에서 진심으로 원하는 것을 불러들이기 위한 새로운 공간을 창조하라고 한다.

나도 《월든》에서 말하는 '정화제' 의식과 《아무것도 못 버리는 사람》을 따라서, 버리고 또 버리고 버렸다. 사진을 정리하면서 네 권되는 앨범을 한 권으로 줄였다. 사진 버리는 원칙을 세워 웃지 않은 사진, 흔들려서 형체가 선명하지 않은 사진, 분명한 주제가 있지 않은 사진, 찍은 의도가 빗나간 사진, 어설픈 행사사진 들을 버렸다. 내 살아온 흔적들, 짐을 줄이는 것! 큰 사과박스 세 개에 곱게 모셔둔 대학 때의 공부 흔적들, 세미나 자료들, 자료 수집하느라 모아둔 복사물들, 학보뭉치들, 보고서들…. 언젠가는 쓰겠지, 대학원 가면 쓰겠지, 하면서 끌어안고 있던 것들을 모두 버렸다. 짐이 삼분의 일은 줄어들었다. 논술교사하면서 50여 가지 주제로 정리해둔 신문 자료들도 모두 버렸다. 홀가분했다. 자료는 이렇게 쌓아두는 게 아니라 흘려보내야 함을 책을 읽고 실천하면서 알게 되었다. 흘려보내면 새로운 것으로 채워지기 때문이다.

후쿠오카 켄세이
《즐거운 불편》(달팽이, 2012)

소비만을 부추기는 물질문명의 편리성에서 벗어나 불편을 즐기는 삶에서 진정한 기쁨을 누리자는 얘기가 이 책의 주제다. 불편을 즐기는 실천적인 삶을 살아내는 저자의 성실함이 돋보인다. 앞부분은 저자의 실천적인 삶을 월별로 정리했고 뒷부분에 환경을 사랑하는 여러 작가들과의 인터뷰를 실었다. 생태주의자에 대한 책을 몇 권 읽었지만 이 책만큼 여러 요소들을 자세하게 짚어보는 책은 없는 것 같다. 소비사회를 넘어서기 위한 한 인간의 자발적인 실천기록이 감동을 준다.

환경의 문제는 결국 소비의 문제와 직접 관련이 있다. 소비를 줄이고 환경 친화적인 삶을 사는 게 중요한데 이 책은 읽으면 읽을수록 충격적인 통찰을 제공해준다. 환경을 생각하는 인식과 범위가 참 넓고 깊다. 기득권 버리기, 무엇보다도 모두가 풍요로운 삶을 살아야 한다는 명분을 앞세워 대규모 무차별적인 개발로 생활은 환경과 격리된 채 캡슐화되는 현실에서 '평등'의 개념을 버리고 '더없이 소중함'을 추구하는 쪽으로 바뀌어야 한다는 것, 있는 그대로 인정해주기, 파쇼적인 사고에서 벗어나기, 한겨울에 한여름 음식을 먹거나 비행기로 빨리빨리 간다든가 하는 문명적 사치보다는 제철 최고의 맛을 즐기고 거리를 감상하면서 걷는 '문화적 사치'를 중요하게 여겨야 한다는 것, 자녀를 키울 때 지나치게 인위적으로 조장하는 교육이 아니라 아이 스스로 할 수 있는 상황을 만들기, 칭찬도 너무 의도적으로 해 수단이 되지 않게 하기, 등등 많은 생각과 실천을 고민하게 하는 책이다.

앤 모로 린드버그

《바다의 선물》(범우사, 2003)

사람이 어떤 기억이나 감동을 잊지 못하는 것은 사소한 기억의 끝자락을 붙드는 이유 때문일 것이다. 린드버그 여사의 《바다의 선물》을 읽었다. 대학 1학년 교양 영어 시간에 이 책에 실린 한 부분을 해석하면서 소개해주신 밝고 친절하시던 영문과 교수님이 생각난다.

20대 이후부터 수차례 읽었지만 별 감동 없다가 세월이 지난 지금은 깊은 이해와 함께 참맛을 알 것 같다. 중년 여인네가 읽기에 딱 좋은 듯, 예전에 읽었을 때보다 훨씬 마음을 울린다. 미국 여성 최초로 비행 면허 취득, 남편과 함께 북태평양 횡단 비행에 성공하는 등 비행사로도 유명한 앤 모로 린드버그. 린드버그 여사는 사람들의 일반적인 흥밋거리나 물질지향적인 도시생활에서 과감히 탈피해 자신의 삶과 정신을 풍요롭고 성숙하게 이끄는 데 전력을 기울였다. 그 방법 중 하나가 조용한 코네티컷 해안에 자신만의 안식처를 마련하고, 집필활동을 하는 것이었다. 이 책에서 얘기하는 것처럼 '내면에 이르는 사색의 나선형 계단을 따라 오르는 기나긴 여행'을 한번 떠나보리라 결심하게 된다. 그 낯선 곳, 아무도 없는 곳에서 나만의 시간을 보내며 내 안에서 울리는 진실한 목소리에 귀를 기울이고 자신의 껍데기를 자유로이 바꿀 수 있기 때문이다. 신앙과 인생에 빗대어 조개를 설명하는 저자의 창조적 탁월함이 돋보인다.

*소라고둥

집이 귀찮아져서 껍데기만 남겨놓고 떠난 녀석의 모습. 신의 은총 아래서 산다고 생각하거나 신의 은총 밖에서 산다고 느끼는 생애의 시기. 사람들의 생애는 거대한 조수를 타고 있는 것처럼 보인다. 그러나 은총 밖으로 떨어졌다고 느껴지는 반대의 경우에는 구두끈도 제대로 맬 수 없게 된다. 은총 안에 있든, 은총 밖에 있든 '은총을 찾아내는 기술'이 필요하다. 은총을 찾아낼 때 필요한 것은 바로 '생활의 단순화'다. 소박한 생활, 생활의 구조를 단순하게 하는 것이다. 이것이 바로 소라고둥이 들려주는 소박한 아름다움의 지혜.

*달고둥

둥그스름하고 옹골지고 윤택이 있는 달팽이껍질 같은 조개다. 여성은 구르는 바퀴의 축이 움직이지 않는 것처럼 정신과 육체가 활동하는 한가운데서 영혼이 갖는 평정을, 그런 내면의 조용함을 참아내야 한다. 우리는 모두가 혼자인데 이 고독이라는 기본적인 상태는 달리 어떻게 할 여지가 없다. 여성은 남과 가족에게 헌신하는 의미 있는 헌신을 할지라도 거기에는 그 샘을 다시 채워줄 원천이 있어야 한다. 그 원천은 고독을 통해서 채워지는데 자신의 본질을 재발견하기 위해 자기만의 시간을 필요로 한다. 완벽하게 자기 자신이 되는 것은 고독을 통해서 가능하다.

*해돋이 조개

여성은 스스로 역량을 발휘할 수 있는 어떤 창조적인 활동에 의해 자기 자신을 망각함으로써 자신을 가장 잘 되찾을 수 있다. 해돋이 조개의 두 쪽같이 인간관계는 서로 다른 방향으로 걷거나 서로 다른 속도로 성장한다는 것을 염두에 두어야 한다.

*굴조개

군살처럼 부풀어 오른 등에 조그마한 다른 조개껍데기들을 단 모습의 굴조개. 흔한 중년의 부인처럼 너절하고 제멋대로 뻗어져 나가고 온갖 것들이 다 달라붙어 있는 모습을 가졌다.

*배낙지조개

어린 배낙지가 헤엄쳐나가면 어미 배낙지도 껍질 벗어던지고 새로운 삶을 시작한다. 이 배낙지조개에게는 단축성을 배울 수 있다. 어떻게 하면 인간 존재의 밀물과 썰물을 헤치고 살아나가는 것을 배울 수 있을까? 인간관계도 섬과 같은 것이기에 현재, 섬 그 자체의 한계(바다로 둘러싸이고 파도가 쉴 새 없이 들이치고 물러나는 섬)를 있는 그대로 받아들이지 않으면 안 된다. 사람은 반드시 날개 달린 삶, 밀물과 썰물, 단축성의 안정을 그대로 받아두지 않으면 안 된다.

저자는 해변의 일부가 되어 소음과 시간의 소란스러움 속에서는 만날 수 없었던 평온함에 함뿍 젖어든다. 인적 없는 모래밭에 누워 침묵과 고독이라는 사치를 마음껏 즐기고 찬란한 밤하늘을 가르며 지나가는 별똥별의 어두운 흔적을 올려다보며 도시생활에서는 경험할 수 없는 일들을 마음껏 해보라고 한다. 소라고둥, 달고둥, 해돋이조개, 굴, 앵무조개의 껍데기를 보며 우리가 미처 알아차리지 못한 진리를 일깨워주는 최고의 선물이 기다리는 바다로 초청한다. 그 바다로 달려가고 싶은 책.

조지 리처 《맥도날드 그리고 맥도날드화》(시유시, 2004)
제레미 리프킨 《육식의 종말》(시공사, 2008)
이 두 권의 책을 읽으며 인간의 탐욕이 부끄러웠다. 《육식의 종말》에서 다루고 있는 '소'는 인류 역사의 풍요(암소)와 욕망(수

소)을 상징한다. 유럽 대륙에서는 쇠고기에 대한 광신적인 욕구가 지배하게 되는데 불로 구운 소 요리는 승자와 강자의 상징이었으며 많은 정복자는 육식을 특권으로 즐긴다. 이렇게 하나의 문화로 정착된 행태는 비상식적인 육식에 권위를 부여한다. 구운 고기는 정복자, 상류계급, 강자, 남성으로 이어지며 그중에서도 쇠고기는 가장 최고를 상징한다. 이러한 욕구는 점차 증폭되어 이를 뒷받침할 가축의 사육은 그 당시 유럽의 환경을 위협하는 수준에 달하게 된다. 유럽인에게 신선한 쇠고기를 공급하려고 신대륙으로 이주해 자연환경을 파괴하면서 오직 그들의 입맛에 맞는 쇠고기를 생산하는데 올인한다.

이에 따라 더 이상 소를 풀어 키울 수 없는 상황이 되자, 광우병의 원인이 되는 소의 부산물로 만들어진 사료를 먹이는 만행이 이루어진다. 자연환경 파괴와 토착민 학대, 소 학대(뿔 제거, 거세, 호르몬 주입, 항생제 과다복용, 살충제 살포, 자동화된 도살장에서의 무의미한 죽음 등) 때문에 소의 질병, 소의 소화와 배설 과정에서 나오는 이산화탄소와 메탄 가스는 지구온난화의 요인이 된다. 인간의 탐욕을 '소'를 통해 보여준다.

이 책에서 말하는 대안은 쇠고기 소비를 끊어 창조물(소)과의 새로운 계약, 즉 시장과 방탕한 소비의 요청을 초월하는 관계에 자발적으로 참여하는 것이다. 육식을 끊는 행위를 통해 모든 대륙의 자연을 대대적으로 회복시키는 생태계적 르네상스가 동반되어야 한다고 주장한다.

물론 나는 이 책의 결론에 모두 동의하지는 않는다. 인간과 소의 관계에서 신성함을 되찾아야 한다는 역사적 의미를 강조하는 부분이라든지, 소를 통해 얻는 산업생산성만을 강조하는 현대 경제개념을 완전히 포기해야 한다는 주장은 지나친 면이 있다. 그런데도 '소'로 대표되는 인간의 탐욕, 지구는 인간의 것만이 아닌 동물과 '공유'하며 다른 생명체와의 유대감을 다져야 한다는 것, 이것이 바로 새로운 인류의식을 향한 중요한 발걸음을 내딛는 것이라는 면에서는 동감한다. 이 책에서 찾을 수 있는 중요한 단어는 '공유'다. 이것은 소에 한정된 것이 아니다. 내가 누리는 모든 것, 채우고 싶은 모든 욕망과 욕심들만을 만족시키기 위한 게 아닌 지구의 모든 생명체와의 공유와 유대감 속에서 해결될 수 있다고 본다.

《맥도날드 그리고 맥도날드화》에서 햄버거의 사회학이 대표하는 현대문명의 코드를 이해한 뒤에《육식의 종말》을 읽으며, 육류 소비와 육류 생산이 주는 병폐들을 우울하게 바라보았다. 소를 희생 제물로 바쳐 하나님께 드린《구약성경》의 제사의식은 소를 우상화하고 신성시 여긴 이방문화를 제거하고 하나님께 순수하게 자신을 바친다는 의미였다.

예수께서 오셔서 자신을 희생 제물로 드려서 소를 없애신 것은 참으로 하나님 섭리와 역사의 위대한 통찰력을 보여주는 부분이다. 예수께서 직접 동물의 제물을 단번에 대신하셨으나 현대문명은 여전히 육류의 지나친 생산과 소비로 하나님을 반역하고 있음을 반증한다. 미국의 문화와 역사, 세계적인 육류 소비문화 하나만으로 현대 사회를 이해하고 미국 개척의 역사를 이해하는 이 책의 방식은 참으로 놀랍다. 이 책을 읽으니 쇠고기는 다시 못 먹을 것 같다. 맑고 착한 눈빛을 가진 소, 소의 아름다움에 사로잡혀 위대한 창작을 일구어낸 화가 이중섭이 이 책을 읽었다면 뭐라 할까 짓궂은 생각마저 든다. 겉표지의 타이틀처럼 우리는 얼마나 잔인하고 무자비한가. 인간임이 부끄럽다.

존 드 그라프, 데이비드 왠, 토마스 네일러 공저
《어플루엔자》(나무처럼, 2010)

소비사회의 병폐, 이것은 비단 현대뿐만 아니라 현대에 들어서기 전 근대사회에서 인디언을 무참하게 착취하고 짓밟아 버린 서양열강과 미국의 횡포를 되짚어보게 한다. 이 책을 읽은 후 나는 소비를 줄이는 실천을 했다. 무언가를 사고 싶을 때 한 번 더 생각하고 물건을 쌓아두지 않고 소박하게 검소하게 사는 것이 필요함을 알게 되었다. 물질의 풍요는 정신의 풍요와 영혼의 아름다움마저 파괴시킨다. 영적 갈망을 채울 수 없는 물질의 풍요는 얼마나 황폐하게 하는가. 없으면서도 있는 척, 일단 쓰고 보자는 주의가 만연하다. 습관적인 쇼핑이 사회적 관계의 적대감을 만들어내고 자원마저 고갈시켜 간다. 만족을 추구하지만 만족이 아닌 불만족 상태에 머무르게 된다. 이 책에서 말하는 어플루엔자(affluenza;일명 풍요병)를 치료하는 가장 확실한 처방은 단순한 삶이다.

《성경》속 인물을 책에서 만나다

글을 쓸 때나 주장할 때 권위 있는 해석가의 글을 인용하며 그 입장에 나를 편승시키는 것은 속 편하고 안전하지만, 유니폼 한 벌을 더 뽑아내는 것일 뿐이다. 사람들이 정말 듣고 싶어 하는 말은 어쩌면 들릴 듯 말 듯한 작은 소리, 들어보지 못한 낯선 언어가 아닐까.

모두가 호들갑 부리며 찬사일색으로 치달을 때 냉정하고 객관적으로 바라볼 수 있는 소수의 견해에 귀를 기울여야 한다. 그러한 도발과 비평 의식엔 남다른 용기가 필요하다. 특별히 아주 다양한 사람들이 모인 교회 안에서는 더더욱 그렇다. 신앙은 하나이고 주님도 한 분이시지만 각기 다른 소리를 내는 이들의 다양성은 더 존중되어야 한다.

교회 안에서 '다른 의견'이 힘 있는 의견에 억압당하고 하나의 생각만을 강요당하는 일이 비일비재하기 때문이다. 《성경》속 인물과 다윗에 대한 여러 권의 책을 읽으면서 문득 든 생각이다. 다양한 관점으로 인물이 분석되고 해석되고 그것이 예술로 형상화되어 기독교 문화가 넓고 깊어지기를 바란다.

김성일

《다윗의 열쇠》(대한기독교서회, 2000)

이 책은 고등부 교사로 함께 봉사하시는 집사님의 소개로 알게
됐다. 이제까지 자신이 알고 있던 다윗에 대한 선입견을 벗겨낸
책으로, 다윗에 빗대어 불합리하고 교만한 결과로 나타난 한국 교
회의 나약함과 문제점을 비판한 책이라고 소개해 주셨다. 그렇고
그런 책들이 책방을 너저분하게 만든다고 생각할 때가 있는데 왜
이런 책이 진작 나오지 않았나 하는 통쾌함이 들었다.

'다윗의 열쇠를 가지신 이 곧 열면 닫을 사람이 없고 닫으면
열 사람이 없는 그이가 가라사대 볼지어다. 내가 네 앞에 열린 문
을 두었으니 능히 닫을 사람이 없으리라'(계 3:7~8)는 말씀에서 제
목을 삼았다.

'다윗의 열쇠'란 다윗을 평가해서 심판하고 사면할 수 있는 예
수 그리스도의 열쇠를 말하는데, 다윗에 대한 사랑과 형제 사랑
그리고 하나님을 향한 일편단심이 사면과 승리의 문을 여는 열
쇠였던 것이다.

이 책을 읽는 즐거움은 다윗의 여러 인간적인 모습, 치부라고
할 수 있는 부분들을 솔직하게 파헤쳐가는 데에 있다. 또한 다윗
의 지혜와 용기로 이스라엘은 살아남았지만 다윗의 교만처럼 자
신을 지키기 위한 기득권층과 교회의 교만을 다각도로 조명해보
는 즐거움도 있다.

유진 피터슨

《다윗:현실에 뿌리박은 영성》(IVP, 2009)

다윗의 일대기를 신학적 상상력과 문학적 상상력을 동원해 다윗이 지은 〈시편〉과 함께 기술한 책. 번역자는 〈시편〉을 '표준새번역'으로 옮겨 놓았는데, 표준새번역의 맛을 깊이 알게 되었다. 저자는 다윗의 이야기를 다루면서 작가 자신의 이야기도 연관시켜 진행한다. 다윗은 단 한 번의 기적도 없는 지극히 평범하고 일상적인 그리고 너무도 인간적인 삶을 살았을 뿐인데, 하나님이 항상 다윗의 중심부에 계셔서 그 모든 세세한 사건 속에 현존해 계셨다고 작가는 말한다. 이런 다윗의 삶은 우리의 영성을 회복하는데 중요한 도구가 될 수 있을 것이다. 왜냐하면 다윗의 영성은 현세를 사는 영성, 즉 뜬구름 잡지 않는(down-to-earth) 일상과 관계있는, 빨래하면서 기도하고, 교통체증 속에서도 노래하는, 일상에서 거룩함으로 넘쳐흐르는 영성이기 때문이다.

유진 피터슨의 169쪽 '다윗과 웃사' 김성일의 책 121쪽의 '나곤의 타작마당에 이르러' '내가 여호와 앞에서 뛰놀리라'는 둘 다 웃사의 이야기를 다룬 것인데, 서로 다른 두 책을 비교해가며《성경》을 읽는 것도 흥미롭게 읽는 방법이 될 것이다. 하나님의 마음에 합했던 다윗을 통해 현실에 영성을 뿌리내리는 일과 하나님 앞에서의 바른 영성을 회복하는 일, 다윗의 지혜와 용기를 본받아 혼란의 시대를 헤쳐 나가는 일, 다윗의 잘못된 점을 통해 내 삶의 현주소, 그리고 한국교회와 국가의 문제점을 바르게 세워나가야 할 것이다.

유진소

《하나님의 자신감》(두란노, 2006)

쫓기는 삶, 도망자의 삶, 이것은 다윗의 삶만은 아니다. 하지만 쫓기는 인생 가운데서도 하나님을 향한 믿음과 사명을 잡고 있는 사람은 하나님께서 승리케 하시며 성장할 수 있다는 것을 깨닫게 된다. 다윗에 대한 이야기, 다윗의 영성과 믿음은 아무리 들어도 읽어도 싫증나지 않는다.

6장, 하나님이 허락하신 만남의 복을 누리라(127~147쪽)를 읽으면서 감동을 받았다. 다윗의 10년 도피 생활은 퇴보가 아니라 진보라 할 수 있다. 하나님이 보내주신 사람들과 관계맺고 하나님을 더 깊이 만날 수 있었기에 성숙의 시간이라는 것이다. 그 만남 중 하나가 아비가일이다.

이 책을 읽으면서 하나님을 만나는 자세, 예배하는 자의 기대감과 연관이 있다는 생각을 했다. 그런데 총명하고 아름다운 아비가일이 미련하고 완고하며 행사가 악한 나발과 살면서 어떻게 그러한 총명함과 아름다움을 지킬 수 있었을까. 아마도 악한 행위를 일삼는 남편에 대한 원망과 불평을 하나님에 대한 신실한 믿음과 섭리하심을 순종하는 자세(추측하건대 다윗에게 했던 고백 속에 담겨있는)로 승화시키지 않았을까 상상해본다. 저자는 다윗이 아비가일을 만난 것 같은 귀한 만남의 축복을 하나님께 구하라는 결론을 내린다.

설교 때 목사님은 〈에스더서〉에서 에스더를 하나님께 나아가는 예배자로 해석하셨다. 아비가일 역시 그렇게 대입해 보면 어떨까 생각해보았다. 어리석은 남편 나발과 함께 사는 현실이 정말 혹독하고 힘겨웠을 테지만, 하나님 앞에서 그분의 주권을 인정하고 아름다운 자태를 잃지 않았다는 것이다. 하나님의 역사에 동참하는 자로서, 믿음이 있는 자로서의 본질, 하나님께서 사람에게 이미 주신 본질적인 선과 아름다움을 잃지 않으려는 그러한 몸부림이 아비가일이 되게 했다는 것. 현실의 삶도 그러하고 예배자로서 하나님을 만나려는 사람 역시 그러한 본질적인 태도, 자세를 잃지 않는 것이 중요하다.

진 에드워드
《세 왕 이야기》(예수전도단, 2008)

《성경》 공부 시간에 목사님의 추천을 받아 알게 된 책. 이 책을 읽을 무렵 어떤 분이 몇 달 전 내가 쓴 취재기사를 떠올리면서 우리교회 월간지 《쓸만한 물가》의 수준이 높다는 등 극찬을 하셨다. 칭찬을 두려워하는 내 마음속에 왠지 모를 부끄러움과 두려움, 하나님께서 내가 칭찬받는 것을 질투하시는 듯한 마음이 불길처럼 일어났다. 그러면서 그분이 은혜를 받았다는 '문제의 그 원고(?)'를 찾아 다시 읽었다. 그런데 도저히 한 줄도 읽을 수가 없는 조악한 글이었다. 부끄러워 한 줄도 읽고 싶지 않을 만큼 허접한 글이다. 이 기사에 은혜 받으셨다고 하시다니 왜일까, 나를 시험에 빠뜨리시려는가, 여러 생각이 나를 짓누르는 듯했다.

이 일이 있은 뒤 《세 왕 이야기》를 읽고 나니 다른 마음이 든다. 그동안 칭찬을 두려워하는 내 마음속에서 칭찬을 마땅히 여기며 기다렸던 이율배반적인 실체를 보았다. 진실로 내 마음의 왕권은 하나님이시라는 것, 내가 높아져야 한다는 생각, 내가 인정받아야 한다는 생각을 과감히 버려야겠다. 이런 생각을 버리지 못한다면 난 '사울'이다, '압살롬'이다. '나는 하나님을 방해하지 않을 것입니다. 어떤 장애물도 또 내가 하는 어떤 일도 그 분의 뜻을 이루시는데 조금도 틈을 내지 않을 것입니다.' 다윗의 이 고백이 내 마음을 진하게 울리는 밤이다.

지유철

《요셉의 회상》 (홍성사, 2002)

우리 사회에 불고 있는 로또 복권 열풍! 인생 대역전을 꿈꾸며 복권에 손을 댄다. 그러나 어디 하나님 없는 인생이 진정한 인생 대역전을 꿈꿀 수 있을까. 평탄하지만 암울하고, 실의에 찼지만 성실하게 하나님만 바라보면, 희망이 보이는 것이 하나님을 경외하는 이의 삶이지 않던가?

이 책을 읽으며 한 사람, 험한 인생길에서 올곧게 성실하게 하나님을 집중해 바라본 요셉을 마주했다. 서점에서 아주 친숙한 이름이지만, 너무나 낯선 한 사람의 일생이 담긴 이 책을 집어 들었다. 어려서부터 귀가 따갑도록 들어 너무 익숙한 꿈쟁이 요셉의 시각에서 쓴 1인칭 회상기, 1인칭 주인공 시점의 책이다. 낯익은 인물 이야기인데도 도리어 낯설게 다가와 새롭게 요셉을 만났다.

독서를 할 때는 처음엔 글자(글씨)를 읽고, 두 번째는 행간을 읽고, 세 번째는 상상하면서 읽으라고 했다. 세 번씩이나 정독을 할 만한 가치 있는 책들이 우리 주변에 그리 많지 않지만 이 책은 세 번을 읽어야 작가가 전달하려는 메시지와 의미를 충분히 누릴 수 있다. 〈창세기〉를 수없이 읽고 메시지를 들어왔으면서도 내가 미처 읽어내지 못했던 부분들, 상상하며 읽어내지 못했던 부분들을 작가는 섬세하게 건드린다.

물설고 말이 낯설어 의사소통이 어려웠을 애굽에서 치른 여러 가지 문제들, 당시의 문화적 관습들(소매 달린 긴 채색 옷이 주는 의미 등)을 입체적으로 풀어내고 있다. 이 책을 읽는 독자라면 누구라도 작가의 통찰력과 신학적 상상력, 문학적 상상력에 경탄을 금치 못할 것이다. 요셉이 올곧게 하나님에 대한 믿음을 저버리지 않은 것은 애굽으로 팔려가기 전인 17세까지 배워온 신앙교육 때문이라는 작가의 해석은 시사해 주는 면이 많다. 이 책은 《성경》을 모티브로 한 소설이지만 이렇게 고증의 성실함으로 작품을 쓸 수 있다니, 우리나라 기독교 문학의 희망이 보인다. 아주 유명해졌으면 좋겠다.

마이클 카드
《깨어지기 쉬운 반석》 (IVP, 2004)

마이클 카드는 몇 년 전에 읽은 《땅에 쓰신 글씨》의 저자이기도 하다. 이지적인 크리스천이 되기를 늘 꿈꾸어왔지만 이율배반적 삶을 살 수밖에 없는 내 신앙의 모습을 보면 베드로에게 참 친밀감을 느낀다. 이 책을 사랑한다. 이 책에서 특히 11장, '절망 속의 부인'부터 13장 '바닷가에서의 이별'이 맘에 들어온다. 베

드로가 예수님을 배반했을 때의 장면을 그려낸 절망 속의 부인,
예수님과 베드로의 눈이 마주치는 묘사는 정말 탁월하다. 저자
는 예수님이 자신을 배반한 베드로를 실망어린 눈빛으로 바라본
것이 아니라 사랑과 용서의 눈길이었다고 했다. 그 해석이 맞다.

기독교에 과연 과학이 존재할까

둘째 아이가 네 살이었을 때 "엄마, 꽃은 왜 피는 거야?" 하고
물었다. 난 대뜸 질문을 수정해주면서 "꽃이 '어떻게' 피냐고 물
어야지 '왜' 피냐고 묻니"라고 했다. 그런데 갑자기 그래, 맞다.
꽃은 왜 피는 걸까? 무엇 때문에 피는 걸까? 의문이 들었다. 믿
는 사람들이 고백하는 모든 창조물들이 존재하는 목적은 '하나님
의 영광을 위하여'라고 했다. 거대한 창조물들이 존재하는 목적
과 이유가 바로 하나님이듯 꽃이 피고 태양이 비추고, 시내가 흘
러가는 것, 사람이 늙어가고 아이들이 태어나 성장하는 모든 것들
이 우연이 아닌 목적에 따라 지음 받은 피조물이 아닌가? 나는 곧
아이에게 답을 해주었다. "꽃이 피는 것은 붉은색 물감으로 자기
를 만드신 하나님께 이렇게 사랑스럽고 예쁘게 살아있다는 것을
찬송하고, 사람들 마음에 예쁜 행복을 전달해주기 위해서란다."

박충구
《생명복제 생명윤리》(가치창조, 2001)

에단 호크가 주연한 영화 〈가타카〉에서 주인공은 자연임신으
로 출생한 열성유전자를 갖고 있어 우주비행사는 꿈도 꾸지 못한

다. 그러나 주인공은 DNA 중개인을 통해 우수 유전자를 지닌 사람의 혈액, 체모, 피부, 체액을 공급받아 우주비행사가 된다. 인간의 노력에 따른 전통적인 계층 상승도 불가능하고 우성과 열성유전자를 가진 사람들 간의 사랑도 불가능하다. 시험관 수정을 통한 우수하고 완벽한 유전학적 인자에 의해 신분이 결정되는 사회, 그런 시대에 평범한, 아니 열등한 사람이 설 자리가 없다는 것을 보여준다.

1998년부터 스크랩해 둔 신문 자료들 중 생명과학, 생명복제 기술 기사들이 유독 많은 것을 보면서 생명과학은 실로 21세기 과학의 꽃이구나 감탄하게 된다. 유전자 변형식품, 식물면역유전자 해독으로 추위, 가뭄, 해충에 강한 전천후식물 등장, 행복을 느끼는 행복유전자 세로토닌의 발견, 종족보존을 위한 유전 작용물질인 모성유전자 추출 성공, 유전자 조작 발광원숭이 '엔디'의 탄생, 캐나다 종교집단 '라엘리안'이 지원한 생명공학업체 클로네이드가 2001년 안에 '복제인간'을 탄생시키겠다는 선언, IQ145 난자와 정자의 상업적 매매 허용시비, 멸종위기 팬더곰 복제 추진, 돼지에게 사람이 필요한 장기복제를 시도한다는 기사, 23쌍의 염색체에 숨겨진 비밀 유전자지도의 완전한 해독….

그러나 이런 과학의 눈부신 발전이 인류에게 희망적이기만 할까 회의적이다. 생명을 만드신 창조주 하나님은 생각하지 않고 과학은 과학대로 제 갈 길을 미친 듯이 달려가고만 있다. 질병 없이 장수하겠다는 이유로, 불임부부에게 희망을 준다는 이유로, 혹은 인구증가에 따른 식량증산을 위한 해결책으로, 라엘리안주의자들은 자기복제를 통해 영원히 살려는 이유 등으로 생명과학은 계속 발전될 것이다.

그럼 우리 하나님의 사람들은 생명과학, 특히 '인간복제'를 어떻게 보아야 할까. 기독교적 관점으로 쓴 《생명복제 생명윤리》는 일반과학 코너에서도 찾을 수 있는 책으로 생명공학 발달고찰, 생명복제의 역사, 생명복제의 찬반론, 생명복제에 대한 법적 조치, 생명복제에 대한 종교적 입장, 생명복제와 생명윤리의 문제 등을 다루고 있다. 흥미 있는 것은 생명복제 찬성론과 반대론이다. 신문이나 매스컴을 통해 이미 들어온 난잡스런 지식을 정리하기에 좋다.

선천성 심장수술 실패로 생후 11개월 만에 사망한 아들을 살려내기 위해, 성공률이 5%에도 못 미치는 데도 체세포를 이용한 인간복제를 부모가 허락해 뉴욕에서 이를 진행한다는 기사를 보았다. 어떤 대가를 치르더라도 아들을 잃지 않겠다는 부모의 심정과 신앙인으로서의 윤리의식이 무겁게 겹쳐졌다.

월트 디즈니의 애니메이션 〈판타지아〉는 마법을 부리고 싶어하던 마법사 제자가 스승 몰래 어설픈 솜씨로 마법을 부렸다가 멈추는 주문을 몰라 곤욕을 당한다는 이야기다. 어설픈 지식을 함부로 사용하게 되면 재앙을 가져올 수 있다는 교훈을 보여준다. 이제 하나님 없이 과학으로 행복하게 오래 살 수 있으리라는 환상을 버리고 하나님의 마음으로 과학을 다루는 세상이길 기도해 본다. 무엇보다 중요한 것은 하나님의 형상을 지키는 범주 내에서의 발전이어야 한다. 강원돈 외 《생명문화와 기독교》(한들출판사)

도 그것을 말해준다.

주께서 내 장부를 지으시며 나의 모태에서 나를 조작하셨나
이다. 내가 주께 감사하옴은 나를 지으심이 신묘막측하심이라…
(시 139:13,14)

한국창조과학회

《기원과학》(두란노, 2003)

비신자들과 공부할 때 생명과 인류의 기원에 창조론을 들먹이
면 신비주의적이며 비과학적인 사람으로 낙인 찍혀 다른 논리를
펼칠 때 힘을 쓰지 못하는 경우가 종종 있다. 신문과 TV, 잡지,
서적들이 진화론만을 과학으로 인정하기 때문이다. 매스컴과 책
속의 모든 과학들이 하나같이 다윈의 '진화론'을 의심 없이 모두
정설로 인정한다.

영화 〈혹성탈출〉과 제레드 다이아몬드의 《제3의 침팬지》도
그렇다. 《제3의 침팬지》는 인간의 모든 문화, 언어, 심리, 사회
행위, 신체적인 특성을 진화 과정에서 발생한 원인과 결과로 본
다. 인간과 침팬지(유인원)의 1.6% 유전적 차이를 들면서 진화
론적 인류이야기를 한다. 또한 고등학교 생물교과서도 '동물계의
일원인 인류는 …' 이라며 아예 진화론을 기본으로 인정하고 있
다. 우리나라 교육과정 '교과서 집필상 유의점'을 찾아보니 생명
의 기원을 다룰 때 '창조'를 다루지 못하도록 제한 규정까지 설정
해 두고 있었다.

우리 삶 속에 너무 깊게 들어와 있는 진화론은 '론'이라는 가설에 불과한데도 의심조차 하지 않은 채 사실로, 과학으로, 진리로 믿는 것에 문제가 있다.

진화론이 설명할 수 없는 치명적인 약점이 분명히 있음에도 발표 이후 계속 수정, 확대되고 있다. 우연하게 생명이 발생하고 사람으로 진화되었다는 것을 불변의 진리로 믿고 가르치는 현실을 보니 '과학'의 이름이 오히려 꼴사나운 바보 같다는 생각이 든다. 과학지식이라고 하는 것들은 분명 '권력의 도구'다. 다시 말해 과학이나 이론, 합리적인 지식이 심오한 진리 그 자체가 아니라 그것을 옹호하려는 사람들에 의해 신비화되고 권력화되는 것이다.

다시 말해 과학은 '권력'임을 인식해야 한다. 다윈의 진화론은 한마디로 생명이 관리 감독되지 않고 비인격적이고 예측할 수 없는 자연적 과정, 아무런 목적도 관심도 갖지 않는 자연적 창조물의 산물이라고 말한다.

창조론자들은 이런 진화론에 '지적 설계설'로 맞서고 있다. 생명은 진화론 같은 자연 선택 과정에 의해 우연히 만들어졌다고 볼 수 없을 만큼 정교하고 복잡하기 때문에 전능한 존재, 초자연적인 지적설계자 '하나님'에 의해 창조되었다는 주장으로 진화론에 맞서고 있다. 창조물이 존재하는 이유, 창조에 과학이 있다는 것이다. 이러한 생각을 갖고 몇 권의 책들을 나눈다.

《기원과학》은 생명의 기원을 말해주는 책이다. 창조과학회는 무신론적 세계관에 입각한 진화론을 과학적 자료를 통해 부정하고 《성경》 관점에서 피조물의 창조법칙 및 질서를 연구하여 창조의 과학을 증거하는 비영리 연구단체다. 생명의 기원을 생물학, 열역학, 수학 확률, 화석학, 지구과학 측면에서 검토해 창조의 논리를 증명하고 있다. 생물은 종(種)에서 종(種)으로 진화되지 않고 처음부터 각 종대로 만들어졌다는 것을 화석학적 자료를 통해 직접 증명하고 있다. 컬러 화보까지 곁들여 흥미롭게 읽을 수 있다.

조정일 외

《신비한 생물창조섭리》(국민일보, 1994)

동물, 식물, 미생물에 나타난 창조의 신비를 기술하고 있다. 나는 식물의 창조섭리에서 빛을 화학에너지로 바꾸는 '광합성작용'에서 경이로움을 느꼈다.

동물들은 엽록체가 없어 태양에너지를 이용하지 못하는데 진화론이 사실이라면 광합성을 하는 '녹색인간' '녹색동물'도 존재했어야 한다는 흥미로운 이야기까지…. 또한 3장 '미생물의 신비'에서는 진화론에서 말하는 '바이러스가 빠른 속도로 진화하여 다른 종(種)이 되었다는 것, 미생물은 원시세포의 퇴행적 진화과정의 산물'을 넘어서 창조주 하나님께서 바이러스도 각기 그 종류대로 창조하셨다는 것을 증거하는데, 에이즈 바이러스도 진화되어 저절로 만들어진 게 아니라 하나님의 크신 뜻을 위하여 창조하셨다는 것, 차가운 과학이 이렇게 믿는 사람의 가슴을 뜨겁게 지필 수 있다니 이 책을 읽는 내내 경이로웠다. 이 책과 더불어 대표적인 창조과학자 필립 존슨의 저서 《다윈주의 허물기》(IVP), 일본 창조과학 연구회 우사미 마사미 저작의 《창조의 과학적 증거들)(두란노)도 읽을 만하다.

태초에 하나님이 천지를 창조하시니라. (창 1:1)

필립 얀시 외
《나를 지으신 하나님의 놀라운 손길》(생명의 말씀사, 2002)

열기가 식을 줄 모른 채 서울 국립과학관에서 전시되었던 인체의 신비전에 몰린 관객들의 수가 실로 놀랍다. 현대인들의 화두는 두말할 것도 없이 몸(육체)이다. 몸을 가꾸고, 건강 음식을 찾아 보신여행을 떠나고, 목숨 걸고 다이어트를 하고, 성형을 하고, 어떤 연예인들은 건강식품으로 사기를 친다. 인간복제 1호의 탄생 파문을 일으킨 '라엘리언'의 비밀조직 클로네이드사 역시 몸을 지나치게 우상시하는 망상에서 온 것이라는 생각이 든다. 그러나 우리 몸은 우리 자신의 욕망을 채우기 위한 도구가 아니다.

몇 해 전 《오묘한 육체》란 제목으로 출간되었다가 《나를 지으신 하나님의 놀라운 손길》이라는 제목만 바꾸어 나온 이 책은 복음주의 작가 필립 얀시와 외과 의사 폴 브랜드가 인체의 신비를 세포, 뼈, 피부, 동작 등 네 부분으로 나누어 말씀 속의 진리를 해석했다. '세포'에서는 보이지 않는 지체의 고귀함과 분화(세포 분열), 각 세포들의 다양성, 연합(통일)을 다루고 있다.

'뼈'의 경우 단단함과 자유, 성장 등을 다루는데 현대과학과 의학에서 밝힌 세포와 뼈, 피부와 근육, 신경을 탐색하면서 사람의 몸이 구조적으로 완벽한 물질로서가 아니라 인격적인 하나님의 영적인 창조물로서의 경이로운 존재임을 알려준다.

그리스도인으로서의 감사와 신비를 알게 해주는 책이다. 과학적 상식을 통해 '앎의 즐거움'을 주되 지나치게 전문적인 용어를 남발하지 않고 평이하게 설명한다. 아인슈타인은 말했다. 하나님은 주사위를 던지지 않는다고. 이 책을 읽어 내려가니 사람을 향한 하나님의 치밀한 사랑과 민감함과 계획하심이 뼛속 깊이 느껴지고 그 손길이 만져지는 듯하다.

하나님께서는 자신이 친히 사람처럼 피부를 통해 피로와 고통 그리고 궁극적으로 죽음을 맛보셨던 세상에 유형적 존재를 수립하기로 결정하셨다. 만져서 알 수 있는 사랑의 모델 중에 하나님의 아들 예수 그리스도를 능가하는 분은 없으시다. 그리고 우리는 세상에서 그분의 민감한 '피부'가 되도록 부름을 받은 것이다.(152쪽)

마음과 생각은 누구의 것인가

내 마음은 나의 것으로 과연 언제든지 통제 가능한 것일까. 교회에서 자료 간사로 봉사하면서 이 주제에 대한 자료를 찾던 중 유혹에 대한 책 몇 권을 정리했다.

리처드 포스터
《돈 섹스 권력》(두란노, 2011)

인간 욕망과 피할 수 없는 유혹들에 건강한 처방을 해주는, 오래되었지만 탁월한 책이다. 저자는 돈에 대한 두려움, 불안감, 죄의식과 맞닥뜨려보자며 적게 가져도 많이 가져도 불안한 것이 돈이라고 한다. 따라서 돈에 대한 우리의 이해를 형성한 감정들(어렸을 때 무척 가난했다든지)을 다스린다면, 신실하라는 《성경》의 부르심대로 행동할 수 있다면서 돈을 나누고 내어주는 것은 우리를 억누르는 어두운 세력들에게 승리하는 것임을 강조한다.

두 번째 성의 유혹에서는 정절 서약이 중요함을 말한다. 이는 서로의 행복과 성장에 지속적인 책임 수행과 희생을 의미한다. 결혼한 이들은 결혼 때 서약한 일부일처제를 통해 정절을 유지하며 평생 서로에게 사랑과 충성의 맹세를 위배해서는 안 되며, 교회는 그 결혼에 '증인'이 되고 '축복'으로 결혼의 성공을 책임져야 함을 말한다.

세 번째 파괴적인 '권력의 유혹'은 대인관계, 사회적인 관계, 하나님과의 관계마저 위협한다. 그리스도께서 이미 권세를 멸하셨음을 깨닫고 '영분별의 은사'(고린도전서 12:10)를 계발하여 권세를 타파하고 권세가 나를 지배하지 못하게 하며 바른 권세를 위해 '섬김을 서약' 하라고 말한다.

내 경우 세 가지 유혹 중 가장 강력하고도 은밀하게 밀고 들어오는 유혹은 권력이다. 현대 사회는 힘의 논리가 지배한다. 그러므로 우리는 뻔히 드러내지 않아도 누군가를 업신여기거나, 군림하려 하고 언어와 눈빛으로 빼앗길 것조차 없는 약한 이를 짓누른 적은 없었는지 돌아봐야 한다. 겸손을 내세운 위선 속에 숨겨두고 은밀하게 즐기며 누리고, 누릴 수 있는 기득권, 특별대우, 인정받음 같은 힘들을 하나님께 드려야 한다. 다른 모든 사람을 완전한 인격체로 존중하도록 준엄하게 자신을 다스려야 한다.

폴 블룸

《우리는 왜 빠져드는가》(살림, 2011)

인간은 왜 무언가를 좋아하는지에 대한 심리실험책이다. 다른 책에서도 볼 수 있는 내용인데 초월성, 종교와 과학이 눈에 들어온다. 종교를 단호히 거부하는 사람들도 초월성에 대한 욕구를 드러낸다. 심오한 현실의 손짓을 거부하지 못하고 종교 바깥에서 반응한다. 강경한 이성주의자로 초월성에 대한 갈증이 있다. 초월적 경험은 아직 제대로 밝혀지지 않은 흥미로운 감정인 경외와 관련이 있을 수 있다. 경외심을 느끼면 스스로 미미한 존재라는 생각이 들고 그래서 경외심이 드는 순간 고개를 조아리거나 무릎을 꿇거나 몸을 웅크리는 신체 반응을 보인다고 지적한다. 경외심은 진화론으로 풀리지 않는 수수께끼인데 경외의 핵심은 사회적 감정이라고 한다.

집단을 숭배하는 마음과 같은데 경외심을 일으키는 대상은 공동체를 하나로 묶는 강력한 인물이다. 즉 경외심의 본질은 내 집단(자신이 속해 있는 집단)에 대한 충성과 외집단(자신이 속하지 않은 집단)에 대한 두려움과 혐오감이다. 일종의 사회적응이다. 종교의 경전은 주로 이야기 형식으로 되어 있는데 종교적 가르침을 이야기로 엮으면 세월이 흘러도 교리가 단단해지고 사실만 나열하는 것보다 훨씬 오래 기억할 수 있다. 상상력과 초월성은 긴밀히 연결되어 있다는 것이다.

듀크 로빈슨

《내 인생을 힘들게 하는 좋은사람 콤플렉스》(소울메이트, 2009)

'난 좋은 사람이 되기보다 온전한 사람이 되고 싶다, 좋은 사람이기를 포기해야 인생이 달라진다. 항상 좋은 사람인 척할 필요는 없다, 그저 좋은 사람일 때가 더 많으면 충분하다. 좋은 사람 콤플렉스를 가진 사람은 완벽해야 한다, 바쁘게 살아야 한다, 침묵은 금이다, 화를 꾹 참아야 한다, 불합리한 추론에 근거한다, 선의의 거짓말을 한다, 조언을 일삼는다, 도우미가 되기를 자청

한다, 아픔을 감싸주려 한다…'

  2011년 서점에 서서 아주 무심히 이 책을 읽었다. 일이 많은
데도 계속 일을 떠맡고 있는 나를 이 책에 비추어보니 내가 좋은
사람 콤플렉스를 갖고 있으며 일벌레같이 덕지덕지 일을 끌어안
고 있었다. 그런 내게 답을 준다. 내가 일을 억척스럽게 하는 이
유는 무엇일까. 낮은 자존감, 일을 통해 인정을 받고 싶은 것 때
문일까. 그래서 일의 성취를 통해 내 존재를 증명하는 것일까. 책
을 읽다가 결심한다. 내일 말해야겠다. 내게 부탁한 어제 그 일을
안 하겠다고, 못하겠다고, 착하게 살지 말자. 그런데 과연 날이 밝
으면 정말 나는 이 말을 할 수 있을까?

하나님을 향해 따끈한 새 가족을 위해서

'나 같은 죄인 살리신'(찬송가 405장)의 2절 뒷부분 '나 처음 믿은 그 시간 귀하고 귀하다'를 한동안 걱정스럽게 부른 적이 있다. 모태신앙인 나는 처음 주님을 믿기 시작한 시점이 정확하게 언제인지 모르기 때문이다. 그래서인지 극적인 계기로 주님을 영접하고 믿음의 여정에 오른 분들을 보면 확실한 증거의 토대 위에 차곡차곡 쌓여지는 믿음이 부럽기까지 했다. 그야말로 하나님을 향해 따끈한 초신자이니 말이다.

얼마 전 예술의전당 콘서트홀에서 1번 교향곡들만 연주한 이색적인 이벤트가 있었다. 1번 교향곡들의 공통점은 '1번'의 의미답게 새로운 장르를 개척하는 도전 정신, 설렘, 새로움과 동시에 내포된 두려움이 혼재한다. 새로운 세계로 첫발을 내딛는다는 것은 그만큼 힘겹다. 여린 잎새들이 푸르고 푸른 꿈을 꾸며 한여름으로 달려가는 계절 6월, 처음 신앙생활을 하게 된 분들, 낙심해 교회를 떠났다 다시 주님의 품안에 들어오신 분들과 함께 여름처럼 성장(盛裝)을 하고 신앙의 성장(成長)을 기대하며 다음의 책들을 나누고 싶다.

신앙생활에 적응하는 초신자의 어려움과 궁금증을 해소하는

데 도움이 될 것이며, 또한 먼저 믿음 생활한 성도들에게는 초신자를 어떻게 이해하며 도와줄지 알려 줄 것이다.

유진 피터슨
《친구에게-우정으로 양육하는 편지》(홍성사, 2006)

하루 수천 권의 책들이 신간으로 쏟아져 나오는 요즘, 맘에 맞는 책을 읽고 마음에 깊이 간직할 수 있다면 그 책과 특별한 관계를 맺은 것이다. 얼마 전에 만난 조병준의 《제 친구들하고 인사하실래요?》(그린비)가 바로 그런 책이었다. 저자가 유럽 여행 중 캘커타의 마더 테레사의 집에 머물면서 만난 사람들(친구들)과 맺은 아름다운 관계, 즉 나눔과 섬김, 경건함 등을 서술하고 있다. 어찌 보면 그들은 우연히 만난 이들인데 이 책을 읽으면서 친구란 무엇일까 진지하게 생각해 보았다.

혈연관계나 공간과 시간을 같이하는 기능적인 관계를 넘어선 행동과 마음, 가치와 정신을 공유하는 것이 친구라는 정의를 내 나름대로 해보았다. 진정한 친구란, 상대방이 갖고 있는 정신과 영혼의 풍요로움을 발견해내는 관계일 것이다. 그래서 오래 전 학창시절의 화석처럼 굳어져 버린, 그저 추억으로만 자리 잡은 관계가 아니라 내 가장 가까운 곳에서 착하고 좋은 영향을 주고받는, 그래서 서로를 믿음으로 양육해 가는 그런 관계가 아닐까 한다.

유진 피터슨의 이 책은 서로를 양육해주는 친구에 대한 책이다. 교회를 떠났다가 40년 만에 교회로 돌아온 친구 '거너'의 신앙 걸음마를 돕기 위해 보낸 54통의 편지를 묶은 책이다. 교회,

기도, 예배, 죽음, 묵상, 직업, 책읽기, 그리스도인들과의 교제, 목회자와의 관계 등 신앙의 핵심에 대한 답을 알려주는 편지글이다. 예수 그리스도께서 우리 친구가 되어주셨고, 우리들 주변에 우리보다 앞선 믿음의 친구와 선배, 스승을 통해 주님의 사랑을 알게 하고 성장시키셨듯이, 이제는 우리도 누군가의 친구가 되어 양육시켜 나가야 할 것이다. 하나님의 프로젝트인 한 사람을 믿음 안에서 튼실하게 서도록 양육하는 일이야말로 소중한 일이 아닐 수 없다.

내가 무엇보다 먼저 도울 일은 자네가 그리스도인의 삶을 하나의 프로젝트로 삼지 않도록 막는 거야. 하나님은 이미 자네를 택하셨네. 자네 자신이 바로 그분의 프로젝트일세.(31쪽)

이재철

《새신자반》(홍성사, 2009)

그리스도와 함께 새로운 삶을 사는 '새 신자'를 양육하면서 그리스도인들이 가질 수 있는 질문들을 구체적이고 확실하게 답해 주고 있다. 하나님은 누구신가? 나(인간)는 누구인가? 기도란? 예배란? 등의 주제를 열 가지로 나누었다. '하나님은 누구신가?'의 경우 창세기를 중심으로 하여 창조주, 부성(父性)과 모성(母性)을 동시에 지니신 분, 훈련시키시는 분, 전능하신 분, 예비하시는 분, 언제나 함께하시는 분, 져주시는 분으로 소개하는데 《성경》 본문과 예화를 통해 쉽게 설명하고 있다.

특히 7장 '교회란?'이 돋보이는데 저자는 하나님의 나라를 구체화시키는 천국의 모형으로서의 교회를 말하고 있다. 죄 때문에 잃었던 에덴동산을 구원받은 그리스도인이 이 땅에 복원시켜 나가는 것이 바로 교회의 궁극적인 목적이라고 말한다. '새 신자'됨의 기쁨을 누리게 하려는 저자의 열정을 가슴깊이 느끼게 된다.

김동호
《깨끗한 부자》(규장, 2001)

한때 베스트셀러였던《일본을 알면 돈이 보인다》책제목에 얽힌 이야기가 있다. 우리나라 사람들은 점잖아서 '돈' 얘기를 드러내놓고 하기를 꺼려해 책제목에 '돈'이란 단어 대신에 '경제'란 단어를 넣을까 말까 고민했는데 당시로서는 과감히 '돈'이란 단어를 넣었고 의외로 베스트셀러로 성공했다고 한다. 어린이 책 코너에 가도 경제서적이, 어른 책 코너도 역시 마찬가지다. 《부자 아빠, 가난한 아빠》가 그 대표적인 예이다.

《깨끗한 부자》는 새 신자에게 크리스천의 물질관을 알려주기에 유익하다. 김동호 목사는 물질은 생활을 위해 중요한 것임에도 전통적으로 내려오는 우리나라의 선비정신과 왜곡된 물질관과 맞물려 부를 부정적으로 보거나 돈을 악으로까지 여긴다며 물질은 '복'이 아니고 '은사'라고 말한다. 그 은사는 자신이 아닌 주님을 위해 사용하라고 주신 것이며 보통 말하듯 돈 많은 사람을 '잘 사는 사람'으로, 돈 없는 사람을 '못 사는 사람'으로 생각하는 것은 잘못이라고 하면서 물질에 대한 바른 신앙적 가치관 정립이 더 중요하다고 한다.

이 책은 각 장마다 '하늘에 보물을 쌓는 법'이라고 내용을 요약해 놓아 기억하기도 좋다. 돈은 믿을 만한 것이 아니기에 땅에만 쌓지 말 것, 땅에 보물을 쌓는 사람은 돈이 하나님이 된다는 것, 적극적으로 돈을 벌어 하나님의 필요를 위해 사용할 것, 하늘에 보물을 쌓으려면 돈 버는 방법이 도박이나 투기, 복권이 아닌 깨끗한 방법이어야 할 것, 돈에 대한 바른 몫 가르기(하나님 몫인 십일조와 봉헌 생활, 다른 사람의 몫인 세금, 임금, 빚, 구제) 등이 실려 있다. 결론으로 저자는 하나님이 믿고 맡길 수 있는 부자, 세상과 다른 깨끗한 부자, 세상의 불평등을 치유하는 부자, 하나님의 영광을 드러내는 부자가 되라고 말한다. 신앙인으로서 한번쯤 읽어두고 물질에 대한 《성경》의 바른 가르침을 지표로 삼는 것도 유익할 듯하다.

너희가 하나님과 재물을 겸하여 섬기지 못하느니라.(마 6:24)

진정한 리더는 없는가, 난 진정한 리더인가

게리 메킨토시, 새뮤얼 리마
《리더십의 그림자》(두란노, 2002)

2002년 노벨 평화상은 전 미국 대통령 지미 카터가 수상했다. 이는 이라크 사태를 대화국면으로 되돌리려는 국제사회의 이성적 목소리를 담았다는 견해가 많다. 조지 부시 대통령의 이라크 정책에 대한 국제적인 비난의 의미가 있다는 것이다. 재임 시에는 인기 없는 대통령이었지만 퇴임 후에 빛을 발한 카터. 비바람을 피할 집도 없는 사람들에게 손수 집을 지어주기 위해서 망치를 들고 있는 모습이 신문에 나왔다. 그런데 왜 우리의 지도자들은 나라 밖에서도 나라 안에서도 존경받지 못하고 그 끝이 흐리다 못해 비참할까? 진정한 리더는 없는가?

2002년, 월드컵대표팀 감독 히딩크의 리더십이 주목받는 리더십으로 부상했다. 히딩크 리더십은 자녀교육에도 재빨리 도입되었다. 각 분야에서 대표 선수가 될 소중한 존재인 아이들에게 아빠는 아딩크(아버지+히딩크)가 되어야 하고 엄마는 어딩크(어머니+히딩크)가 되어 아이의 능력을 최대한 키워줘야 할 의무가 있다는 것이다. 국가 대표선수가 되어 멋지게 살아가느냐, 동네

조무래기로 남아 그럭저럭 살아가느냐, 그것은 전적으로 부모에게 달렸다는 것이다. 그러나 사실 히딩크의 리더십을 냉정하게 비판해 볼 필요도 있다. 실력을 강조한 나머지 그 대열에 이르지 못한 사람들은 지나치게 소외당할 수 있다.

요즘 리더십 관련해서 인기 있는 책은 한홍 목사의 책들이다. 한홍의 《거인들의 발자국》 7장에는 좋은 리더십을 공격하는 외부의 킬러(전통과 관료주의, 타성에 젖은 사회문화적인 제한들)와 내부의 킬러, 즉 리더 자신이 갖고 있는 문제점(열등감, 교만, 게으름, 도덕적 상실)을 꼽고 이것들을 잘 다스려야 한다고 한다. 이 7장을 더 깊이 다룬 책이 바로 게리 맥켄토시, 새뮤얼 리마의 《리더십의 그림자》이다.

이 책은 리더십이 갖는 위기를 분석한 책으로 리더의 어두운 면(리더를 죽이는 요소들)을 분석하여 그 요소들을 어떻게 하면 극복할 수 있는지 구체적으로 서술하고 있다. 한때는 사람들의 존경과 사랑을 한 몸에 받는 위대한 사람이었으나 자신도 통제할 수 없는 벼랑 끝으로 내몰리는 경우를 특히 우리 현대사에서 많이 보아왔다. 그러한 리더들은 자기 그림자를 제대로 인지하지 못하고 다스리지 못했기 때문이라며, 《성경》 속에서 리더십의 그림자가 있는 인물들을 낱낱이 분석한다. 모세는 강박신경형 리더, 솔로몬은 자기도취형 리더, 사울은 과대망상형 리더로 규정한다. 그리고 그 그림자를 극복하기 위한 자기관리 방법 다섯 가지 단계를 제시한다. 가장 먼저 자신의 그림자를 인정하고 하나님께서 내 약한 모습 속에 능력을 채워주심에 의지하기, 현재의 모습을 만들어낸 자신의 과거를 탐색해 자기 자신 이해하기, 완전한 사람이 되기 위한 비현실적인 기대치에 억눌리지 말기, 영적 훈련(《성경》 읽기, 묵상 등)으로 자기 자신 점검하기, 하나님께 얻은 신분을 가치 있게 여기고 예수 안에서 자기 가치를 찾을 것 등이다. 그리고 이 책은 각 장마다 본문 내용을 간략하게 요약해 놓아 독자의 리더십에 적용하도록 안내하고 독자 자신이 어떤 유형인지 객관적으로 알 수 있도록 점검하는 항목도 있다.

2부에서 리더십의 그림자로 제시한 모세, 솔로몬, 사울, 삼손, 요나의 다섯 가지 유형 중 나는 어떤 유형인지를 열두 가지 질문을 통해 알게 해준다. 이 책이 특히 좋은 이유로 나는 과연 어떤 유형의 리더인가를 알아가는 즐거움이다. 나를 바르게 아는 것은 리더이든 팔로워이든 중요한 첫걸음이기 때문이다.

도널드 T. 필립스
《마틴 루터 킹의 리더십》 (시아출판사, 2001)

비폭력 무저항 운동을 펼친 마틴 루터 킹 목사가 변하지 않는 신념을 지니고 흑인 인권운동가로서 보여준 리더십을 이론과 함께 실천을 보여주는 책. 경청할 것, 사랑으로 설득할 것, 배우고 또 배울 것, 창의성과 혁신을 촉진할 것, 팀워크와 다양성을 바탕으로 참여를 유도할 것, 목표와 상세한 행동 계획을 수립할 것, 결단력을 발휘할 것, 협상하고 타협할 것, 인간의 본성을 이해할 것 등 구체적인 행동지침을 제시한다. 인종차별, 폭력, 불평등, 억압 등 세상의 불의에 폭력이 아닌 사랑으로 맞섰던 킹 목사의 감동적인 행동을 읽다보면 미국의 흑백차별 관행을 근본적으로 바꾸어 놓은 거대한 바람을 불러일으킨 힘이 그의 리더십에서 나왔음을 알게 된다.

빌 하이벨스 외

《멘토링으로 배우는 예수님의 리더십》 (두란노, 2005)

기존의 피라미드식 조직은 계급적 강압적, 일방적이어서 조직을 역동적으로 이끌어가기 어렵다고 보고 이상적인 조직으로 피라미드를 거꾸로 둔 모형을 제시하는 책. 역피라미드 모형에서는 부하 직원에게도 책임을 갖게 하고 반응을 보여줌으로써 역동적인 조직을 이끌 수 있다고 한다. 어떤 문제가 생겼을 때 오리처럼 꽥꽥 울기만 하는 사람들과 위로 올라가 전반적인 상황을 검토하고 해결점을 찾는 독수리의 자세를 비유한 것이 돋보인다. 제목 그대로 리더십의 진정한 힘은 리더십의 방법과 기술이 아닌 예수님께서 몸소 보여주신 '섬김'이라는 것을 소설 형식으로 풀어내고 있다.

하나님과의 만남, 기도와 묵상

기도 책들을 읽을 때마다 드는 생각은, 책 열 권 읽는 것보다 한 번 무릎 꿇는 것이 더 중요하다, 기도에 대한 무수한 앎보다는 한 번 무릎 꿇으라는 것이다.

로널드 클럭
《영혼의 일기와 영적 성숙》 (두란노, 1999)

학생시절 검사를 받기 위해 일기를 억지로 썼던 경험, 누군가에게 들켜 일기쓰기에 흥미를 잃고 중단하게 된 기억, 고급스런 일기장을 구입해 몇 장 쓰고 말았던 경험들이 있을 것이다. 나도 일기 몇 가지를 쓴다. 독서일기, 영화감상일기, 육아일기, 지속적으로 쓰지는 않았지만 한시적으로 썼던 셀리더 일기, 신앙일기 등. 그 기록들은 현재의 내 위치를 바로 세워주었다. 관념적인 하나님을 나의 하나님으로 고백하기까지의 힘들었던 날들을 기록한 '핏빛일기장'같은 신앙일기는 신앙의 갈등과 힘겨움, 하나님에 대한 생각들이 낱낱이 기록되어 새록새록 주님을 가깝게 느끼며 사귀어가는 설렘, 즐거움들이 가득한 일기다. 이 책을 읽으면서 새삼 신앙일기(영혼의 일기)의 필요를 느꼈다. 일기를 쓸 뿐

아니라 정직하고 다양한 방법을 시도하며 쓴다면 즐거운 일이 될 것이다. 신앙인으로서 자기를 되돌아보고, 관리하고, 영적 성장과 경건한 삶을 위해 유익하다. 한동안 바쁘다고 덮어둔 편안하고 믿음직한 친구, '영혼의 일기'를 다시 사귀어야겠다.

켄 가이어

《묵상하는 삶》(두란노, 2000)

부제목은 '오염된 삶의 현장에서 영적 감수성을 높이는 법.' 영적인 깨우침을 어쩌면 이렇게 자유롭게 표현할 수 있는지 감탄했다. 말씀의 씨앗이 자라기 위해 말씀에 기대하고 반응해야 하며, 겸손함(낮아짐)이 토양이 되어야 한다. 말씀이 뿌리내리는데 핵심이 되는 수분으로는 성령의 협력이 필요하며, 경작과 성장, 추수까지의 과정을 말하고 있다. 말씀묵상 외에 영화묵상, 사람묵상, 연극묵상까지 그야말로 우리 이상의 전존재를 향해 호소하시는 하나님께 반응하기를 촉구하고 있다. 뒷부분에서는 말씀묵상의 3단계 실례를 보여준다.

이상규

《에덴의 삶을 회복하는 큐티》(두란노, 2011)

일명 '큐티(말씀묵상)도사'인 저자가 하나님의 말씀이 심장에 꽂혀, 내면세계가 하나님의 성소로 변화되기를 바라는 열망으로 쓴 책이라고 밝혔다. 묵상을 방해하는 걸림돌에는 무엇이 있는지, 묵상을 통해 경험하게 될 능력이 어떤 것인지를 알려주고 있다. 저자는 말씀묵상을 '하나님과의 지성소적 교제' '가장 깊고도 의미 있는 지성소적 체험' '그리스도 안에서의 에덴의 회복'이라고 정의하면서 우리의 삶에 '광야'와 '지성소'같이 하나님과 사귀는 특별한 장소의 필요성을 강조한다. 그리고 이 사귐이 내적 치유까지 가져온다고 말한다. 얇아서 부담 없이 읽기에 좋다.

브루스 윌킨스
《야베스의 기도》(디모데, 2001)

'미국 아마존 1위, 출간 7개월 만에 100만 부 돌파.' 이렇게 무지막지한 기독교 인터넷 사이트의 광고를 보고 책을 구입해 당시 의무감으로 읽어치웠다. 호들갑 떠는 광고 공세 덕분에 감동은 반감되었다. 그 뒤 특별 새벽기도 홍보를 담당하기 위해 천천히 다시 읽으면서 이전에 발견하지 못한 보석들을 캐냈다.

서점은 이 책의 열기로 뜨겁다. 야베스의 이름으로 나온 책만 여섯 권. 먼저 《여성을 위한 야베스의 기도》는 브루스 윌킨스의 아내 달린이 여성들에게 주는 '야베스의 기도'인데 아주 섬세하게 여성의 마음을 건드린다. 제목에서 대상을 '여성'으로 한정해서 좀 거슬리기는 하다.(여류 시인, 여류 작가라는 말이 옳지 못한 표현이듯) 이 책은 《야베스의 기도》의 틀 안에서 기도응답의 복을 받은 여성들을 소개하고 있으며, 표지와 본문이 신비한 보랏빛이어서 마치 산뜻한 에세이를 읽는 듯 쉽게 읽힌다.

신세대 감각에 맞는 세련된 디자인과 시험에 익숙한 청소년들의 구미에 맞게 뒷부분에서는 요점과 함께 토론 거리를 제공하고 있는 《청소년을 위한 야베스의 기도》 초등 고학년을 위한 《어린이를 위한 야베스의 기도》 초등 저학년을 위한 《야베스와 하나님의 보물창고: 어린이를 위한 야베스의 기도》《학령 전 어린이를 위한 야베스의 기도》 등 그야말로 전 세대를 통합하는 기도의 책들이다. 여섯 권의 책내용은 본질적으로 같다. 다만 《야베스의 기도》를 기초로 해서 연령에 맞게 수준을 조절하고 디자인을 다르게 했다.

우리나라에서 출간된 지 1년 6개월 만에 153쇄, 30만 부가 팔렸다. 국내 기독교 출판 역사상 가장 짧은 시간 내에 베스트셀러가 된 기적 같은 책이다. 궁금하면 못 참는 나는 출판사에 전화를 해서 왜 이 책이 인기가 있는지 물었다. 출판사 관계자는 '내용이 짧고, 허상이 아니라 《성경》에 나오는 인물로 그냥 스쳐 지나갈 수 있던, 소외될 뻔했던 인물을 하나님께서 칭찬받을 만큼 부각시키고 존귀하게 하신 큰 복을 받아 크리스천들에게 감동을 주었을 것'이라는 답변을 받았다.

〈역대상〉 4장 9절 10절에 나오는 야베스의 기도가 주목받고 많은 크리스천들에게 사랑 받고 읽히는 것을 보니, 하나님을 위해 일하고 싶어 하고 주님께서 채우시는 복으로 기적 같은 삶을 살고 싶어 한 그의 탁월한 기도가 응답 받은 것 같다. 시간과 공간을 넘어서 오늘까지 야베스의 지경은 확실히 넓어졌다. 이 책에 이어 기도 책들이 봇물 터지듯 발간됐다. 《지경을 넓히는 기도》《다윗의 기도》《히스기야의 기도》《예수님의 기도》《적극적인 기도》《아굴의 기도》《침묵 기도》〉 등등.

끝으로 〈역대상〉 4:10절의 야베스가 기도한 내용 네 가지를 요약하면서 글을 마친다.

첫째, 주께서 내게 복에 복을 더하사 : 복 주시는 하나님의 본성을 철저하게 신뢰하고 하나님의 영광을 위해 사용할 복을 충만히 구하라. 구하지 않아 받지 못한 복이 있을 수도 있다.

둘째, 나의 지경을 넓히시고 : 하나님의 영광을 위해 나에게 더 많은 기회를 주셔서 많은 사람들에게 좋은 영향력을 끼칠 수 있기를 야망을 갖고 기대하고 정직하게 구해야 한다.

셋째, 주의 손으로 나를 도우사 : 하나님의 손이 우리와 함께 하시기를 구하는 기도, 즉 하나님과의 위대한 접촉을 통해 하나님께서 우리에게 시작하신 위대한 일들을 유지되고 계속되도록 하기 위한 것이다.

넷째, 나로 환난을 벗어나 근심이 없게 하옵소서 : 주님께 받은 무한한 복들로 오히려 우리가 공격당하고 무례하게 될 수 있기에 우리의 무기들, 지혜, 경험, 생각을 버리고 하나님의 능력으로 복을 안전하게 지킬 수 있도록 기도해야 한다.

리처드 포스터

《기도》(두란노, 2011)

아담이 에덴동산에서 동물들에게 이름을 붙여 주었듯이 여러 가지 기도의 경험에 이름을 붙였다. 1부는 우리에게 필요한 변화를 추구하는 안으로 향한 기도, 2부는 하나님과의 친밀한 교제를 구하는 위를 향한 기도, 3부는 필요한 사역을 구하는 밖으로 향한 기도로 나누어져 있다. 있는 그대로를 하나님께 숨김없이 내어놓는 '단순한 기도' 하나님이 계시지 않은 것 같은 황량한 사막에 직면했을 때 침묵하시는 하나님을 향한 '버림받은 자의 기도' 우리를 사랑으로 감찰하시는 주님을 향해 내 마음속을 감찰하는 '성찰의 기도' 죄악을 슬퍼하는 '눈물의 기도' 그리스도 닮아가는 훈련인 '성숙의 기도' 하나님과의 특별한 데이트 시간을 만드는 '언약의 기도' 바쁜 중에도 서두름 없이 하나님 안에서 안식하는 평안과 능력을 구하는 '안식의 기도' 온몸으로 드려지는 '성례의 기도' 하나님과 끊임없이 교제하는 '쉬지 않는 기도' 하나님과의 친밀함과 애정이 깃든 '마음의 기도' 등 21가지의 기도방식과 함께 기도의 비밀을 얘기해 주고 있다. 기도가 삶 속에서 보편적이고 평범한 호흡처럼 느껴지도록 기도하고, 기도로 훈련되어야 함을 깨닫게 된다.

사사키 아타루

《잘라라 기도하는 그 손을》 (자음과 모음, 2012)

'일본의 니체'라고 불리우는 사사키 아타루는 "읽고 쓰는 것이 세계를 변화시키는 힘의 근원이고 혁명은 오로지 문학에서 일어난다"고 말해 독자들의 인기와 감탄을 누렸다고 한다. 그의 강연을 모아놓은 책이다. 누구의 부하도 되지 않았고 누구도 부하로 두지 않았다. 누구의 명령도 듣지 않았다. 이야기를 듣는 것도 재능, 듣지 않는 것도 재능이라며, 고압적인 협박에 굴하지 않는다. 이 책은 《성경》을 읽자는 루터의 혁명을 참 가치 있게 다루었다. 또한 혁명이란 책을 읽고 쓰는데서 일어나며 인류가 멸망하지 않는 한 책은 사라지지 않고 미래의 희망 역시 책을 읽고 쓰는데 있다고 말한다. 루터의 "나는 기도하고 설교하는 것밖에 하지 않았다. 그러나 신이 나를 통해 얼마나 많은 것을 성취하셨는지를 생각해보라. 말이 그 모든 것을 이루었던 것이다." 혁명의 본체는 텍스트다. 결코 폭력이 아니라는 말은 생각할수록 멋지다.

잔느 귀용
《하나님을 경험하는 기도》(NCD, 2008)

잔느 귀용은 1648년 프랑스 루이 14세 때 부유한 귀족 가문에서 태어났으나 몸이 허약해 어린 시절 대부분을 수녀원에서 지낸다. 불행한 결혼 생활과 고난의 연속이었다. 남편과 사별 후 평생을 주님께 바친다. 69세로 죽기까지 주님에게 헌신적이며 뜨거운 사랑을 한결같이 지켰다. 퀘이커교를 비롯해 엔드류 머레이, 허드슨 테일러 같은 위대한 기독교 작가들에게 영향을 미쳤고 깊고 진실한 믿음과 기도의 소중한 지혜를 전해준다. "단순한 기도로 하나님을 경험하십시오." 호흡하는 것보다 쉬운 기도, 말씀을 소화시키며 하는 기도, 자신을 내려놓기, 포기를 통해 계시하시는 비밀, 자신을 잊고 하나님께 집중하라, 하나님을 경험하라, 어린 아이처럼 기도하라.

"당신이 기도를 시작하기만 하면 하나님을 찾을 수 있습니다. 모든 행동을 절제하고 조용히 그분 안에 머무르십시오. 최종 목적지는 진리에 도달하는 것인즉 하나님을 즐거워하는 것, 하나님 자신만을 즐거워하며 기뻐하는 것입니다."

김영봉

《사귐의 기도》(IVP, 2012)

"나는 기도라는 감미로운 유혹을 벗어날 수 없다. 바다의 신비에 매혹되어 언제라도 바다로 나아가려는 사람처럼 기도의 세계에서 살다가 그 안에서 죽기를 바란다."

뒷표지 카피에 이끌려 책을 집어 들었다. 리처드 포스터의 《기도》, 로렌스 형제의 《하나님의 임재연습》처럼 좋은 기도 책이겠거니 하며 무심히 책장을 넘겼는데 서문부터 예사롭지가 않다. 이 책을 읽으며 내 기도, 아니 나의 위선을 회개했다. 내가 궁극적으로 바뀌고 개선되어야 하는 부분, 어그러진 부분이 보였다. 그러면서 내가 따라야 할 모범 중 '사귐의 기도'를 위해 하나님께 지는 훈련이 필요함을 알았다. 니코스 카잔차키스는 그가 만난 수도승에게 들은 말대로 하나님과 씨름한다. 하나님과 겨루어 이김이 아니라 지는 훈련을 해야 한다는 것이다. 215쪽의 '기도문 기도'가 훌륭하다. 거목 사이를 걸으니 내 키가 더 자랐다고나 할까.

저자는 현재 우리나라 기독교가 타락하고 비난과 질시의 대상이 된 이유를 '기도가 잘못되어서'라고 지적한다. 김영봉의 다른 책으로는 해방 전후 1세대 한국교회 지도자 주기철, 이용도, 김교신, 한경직을 비롯해 영적 대가들, 우찌무라 간조, 루터, 본

회퍼, 헨리 나우웬 등의 기도문을 엮은 《사귐의 기도를 위한 기도 선집》, 하나님의 아버지 되심, 하나님 나라의 비전 등 주기도에 담겨진 귀한 메시지를 전달해준 《가장 위험한 기도, 주기도》가 있다.

루이 에블리

《사람에게 비는 하느님》 (가톨릭출판사, 1977)

남포교회 박영선 목사 설교문을 읽다가 알게 된 책이다. 기도에 대해서 새로운 시각을 열게 해준 고마운 책. 저자 루이 에블리는 1910년 벨기에의 수도 브뤼셀에서 태어났다. 그는 루뱅대학교에서 인문학 계통의 학업을 마치고 교회법 및 토미즘 철학으로 박사학위를 받고 그 대학교에서 강의를 했다. 그 뒤 말린 대신학교를 졸업하고 1937년에 사제로 서품되었다. 다시 워털루 근처의 카르디날 메르시에 대학 교수로 있으면서 학생들의 진취성을 최대한 허용하는 현대적 교육방법을 적용했다. 그는 여러 강론대와 피정에 초빙되어 설교를 했으며, 그 내용들은 라디오와 텔레비전으로 방송됐다.

소개글을 옮겨보면 "사람을 위해 기도하는 분은 하나님이신데, 사람이 그 기도에 귀를 기울이지 않는다고 지적하면서 기도란 하나님께 대한 호소가 아니라, 하느님께서 당신에게 들려주시는 말씀에 고요히 귀를 기울이고 듣는 것"이라는 메시지를 전달하고 있다. 이 책을 통해 얼마나 많은 크리스천들이 이단적이고 하나님을 모독하는 기도를 가장 뜨겁고 신심 깊은 것으로 잘못

알고 기도하는가를 깨달을 수 있으며 '기도'의 진정한 의미가 무엇인지 알 수 있다.

"기도는 하나님께 바치는 기도가 아니라 하나님께서 우리를 위해 하시는 기도를 성취시켜드리는 것이다. 하나님께 용서를 청하는 것이 아니라 마음을 열고 하나님의 용서하심을 받아들이는 것이며 곧 우리가 우리 자신을 하나님께 봉헌하는 것이 아니라 하나님이 당신 스스로를 우리에게 주시는 것을 기쁘게 영접해드리는 것을 뜻한다.(43쪽) … 기도는 나보다 먼저 말을 걸어오시는 하나님께 대한 감사행위다.(44쪽) 기도는 하나님이 우리 마음 안에서 진정으로 하나님일 수 있도록 하는 것이다. 주기도문 역시 정해진 문구를 암송하듯 해서는 안 되며 하나님께 감사하고 그렇기 때문에 이웃에게 봉사할 책임을 자각한 인간으로서 아들이며 성인成人이라는 마음으로 '주님의 기도'를 바칠 수 있게 될 때 비로소 긍지와 기쁨을 가지게 될 것이다."(187쪽)

이 책은 잠자는 내 의식과 구하기만 하는 내 기도 생활을 새롭게 인식시키고 각성시켰다. '주기도문을 신화적인 것이 되지 않게 하자'를 또렷이 마음에 새긴다. 이 책을 읽고는 주기도문에 관심을 갖게 되어 최윤규《하늘에 계신 하지 말아라》(한스미디어)라는 아주 가벼운 책을 읽었다.

영성, 깊이깊이
내면의 열매를 익히는 시간

　구름을 셀 수 없듯, 우리의 시간도 헤아리지 못한 채 흘러간
다. 어느새 시간은 가을 한 가운데로 나를 이끈다. 설익었던 여름
열매들이 익어가며 풍기는 향내를 맡으며 들녘을 걷는다. 청명한
가을 하늘 아래 저절로 붉어질 리 없는 빨간 대추알들을 하나씩
헤아려본다. 은혜를 헤아려본다. 태풍과 폭풍이 지나간 자리에도
광주리 가득 채울 열매들이 있다. 천둥과 먹구름, 지독한 통증의
시간을 이겨낸 끝에 알알이 익어 찬란히 빛나는 열매들이 하나님
의 은혜를 찬양한다. 우리말에 '열매'와 같은 의미로 '아람'이란
말이 있다. '아람'이란 탐스러운 가을 햇살을 받아서 저절로 충분
히 익어 벌어진 과실로서 이것이 밤일 경우 '알밤'이라고 한다.
열매를 기다리는 사람에겐 이런 알밤, 아람이 참 반갑고 고맙다.
　시인 김지향의 표현처럼 '침묵으로 열매를 익히던 나무들의
무게'로 가을은 아람을 안겨준다. 하나님 은혜의 햇살을 받아 더
많은 아람을 맺어 흡족해하시고 기뻐하실 열매를 드리기를 기다
리시는 하나님을 묵상해본다. 신앙의 연수가 늘어가고 인생의 연
륜이 늘어나고 있다. 때로는 산들바람마저도 섬세한 하나님의 숨

결로 인식하지만 때론 친숙하지 않은 폭풍과 냉랭한 현실의 계단을 힘겹게 밟으면서 모진 시간을 그럭저럭 버텨내기도 한다. 그러나 여전히 가을에 열매를 기다리시는 하나님의 기대를 저버릴 수 없는 것이 우리가 아닌가. 계절의 깊음처럼 믿음의 깊이도 깊어지고 넓어져야 하는 성장의 시간이다.

마이클 프로스트

《일상, 하나님의 신비》(IVP, 2002)

표지에 쓰인 글자 'EYES WIDE OPEN'에 시선이 갔다. 제목 그대로 일상의 모든 일들을 눈을 부릅뜨고 보면, 하나님의 신비함과 거룩함을 절실하게 느낄 수 있다. 우리의 삶을 미르치아 엘리아데의 책 《성(聖)과 속(俗)》처럼 거룩과 세속, 종교적 영역과 비종교적 영역으로 나누는 것은 잘못된 이분법이라고 지적한다. 거룩한 공간, 예배 공간을 따로 설정하기보다는 일상적인 시간이 거룩한 시간으로 이행될 수 있게 평범한 일상에서 영성을 재발견할 수 있어야 한다는 것이 책의 주제이다.

다시 말하면 기적 속에서 하나님을 만나기를 기대하기보다는, 하나님께서 우리 삶의 중심부에 계시기만 하면 세세한 모든 사건 속에서 현존하시는 하나님을 만날 수 있는 장치가 편만해 있다는 것이다. 빛바랜 세상에서 일상 속의 하나님을 만나는 방법은 능동적으로 이목을 집중하는 훈련을 하는 것이다. 그리고 창조질서를 통해 자신을 계시하는 하나님을 원초적으로 경외하고 존경하고 우리 자신의 연약함을 어떤 방법으로든 되돌아 봐야 한다. 또한 창조주 하나님의 손길에 전율을 느껴야 한다. 예수님을 회상하면서 순간순간 새로운 자각을 일깨우시는 사건 속에서 하나님을 깨닫고 경이감을 느끼는 영적 훈련을 해야 한다.

한 해를 절반 달려왔다. 목련이 지고 아카시아꽃이 향기롭더니 이제 시간은 한여름 더위로 달려가고 있다. 더위에 지치고 힘들어질 얼굴들, 지리한 장마와 불볕더위도 의미 없이 흘러가 버리기만을 기대하는가. 그런 속에서도 또렷한 하나님을 만나자. 아침에 커튼을 열어젖히면서 마음의 어둠과 근심을 걷어내실 하나님을 발견하자. 쌀을 씻으면서 양심의 정결함을 위해 기도하자. 구석구석 방을 쓸면서 죄의 찌꺼기를 끄집어내 회개하자. 바쁜 시간이지만 속도를 늦추면서 천천히 일상 가운데에 저벅저벅 걸어오시는 하나님의 경이를 발견해보자.

모래알 하나하나에서
한순간의 격분 가운데서
주님의 손길을 보네
떨리는 잎새에서
모래알 하나하나에서(밥 딜런 Bob Dylan, 47쪽)

허무한 것을 좇으며 헉헉거리며 뛰어다니는 인생은 산문체 인생이다. 그것도 빛바랜 산문체, 이러한 인생에서 기계적이고 기술적 산문을 공격하여 예수님처럼 재치와 시로 세상을 뒤집어 운문체적인 인생을 산다면 얼마나 인생은 흥분될까? 이 책의 압권은 예로 든 영화와 명언, 인물들의 이야기들이 너무나도 적절해서 마치 톱니바퀴가 굴러가는 것 같다. 웨인 왕 감독의 영화 〈스모크〉에서 나오는 4천 일 동안 아침 8시 3번가와 7번가가 교차하는 가게에서 찍은 4천 장의 사진처럼 일상은 결코 똑같은 시간과 일의 반복이 아니다. 모두 같은 사진이지만 같은 사건은 아무것도 없다. 환한 아침도 있고 어두운 아침도 있고 여름날의 밝은 빛과 가을날의 은은한 빛이 있다. 지구는 태양의 주변을 돌고 매일같이 태양에서 오는 빛이 각각 다른 각도로 지구에 부딪힌다. 그러니 특별한 것만 찾아 헤맬 것이 아니라 이목을 집중시켜 잎새에서, 모래 한 알에서 하나님을 발견하자. 늘 깨어있고 경이감을 느끼며 흥분할 준비가 되어 있다면 하나님의 은혜를 발견하게 될 것이다.

찰스 험멜

《늘 급한 일로 쫓기는 삶》 (IVP, 2011)

"믿지 않는 동료들보다 더 열심히, 더 바쁘게 생활하는데도 항상 절망감에 시달립니다. 아무리 계획을 잘 세워도 끊임없이 다른 일들이 껴들고, 태산같이 쌓인 일을 생각하면 정말 아침에 일어나기가 싫습니다. 하루가 서른 시간이라면 얼마나 좋을까요? 이 책은 주어진 시간에 더 많은 일을 처리할 수 있는 비법을 알려 주는 책이 아닙니다. 이 책은 시간 관리보다 훨씬 더 근본적이고 중요한 문제, 하나님의 관점에서 당신의 인생을 관리하는 법을 가르쳐 줍니다. '늘 급한 일로 쫓기는 삶'에서 벗어나 그분이 주신 참 자유를 누리기 원하는 분, 이 책은 바로 당신을 위한 책입니다."

뒷표지에 실린 이 책의 소개 글이다. 시간을 현명하게 사용하기란 어렵다. 누가 하루를 24시간으로 쪼개고 60초, 1분, 한 달, 1년 주기를 만들었을까? 우리는 분명 바쁘게 살지만 눈앞에 닥친 일 때문에 정작 해야 할 일은 못하고 시간에 밀려 인생을 소진해 버리는 경우가 많다. 우리들 일상의 모든 것이 그야말로 알레그로 비바체로 돌아간다. 거기에 가속도가 붙으니 햄버거 나오는 시간도, 컴퓨터 부팅되는 시간도 참기 힘들다. 테크놀로지와 효율성에 포로가 되어 더 바빠지고 조급해 한다. 어떻게 하면 탈진하지 않고 시간을 잘 사용할 수 있을까? 피에르 쌍소는 《느리게 사는 것의 의미》에서 삶의 속도를 늦추고 시간과 사건에 모든 기회를 부여해 한가함과 여유와 평정을 찾는 삶의 미덕을 강조하고 있다.

그러나 찰스 험멜의 책은 그저 단순한 시간관리가 아니라 우선순위를 하나님께 두고 경건의 시간을 통해 철저히 주님을 신뢰하고 맡겨야 한다는 데에 초점을 맞추고 있다. 주님은 바쁘게 사역하시면서도 기도에 전념하셨다. 새로이 주어진 한 해가 주님께서 기쁘게 받으실 만한 시간으로 엮어 가고 있는가 반성하게 된다. 윌리암 맥코넬 《시간과 하나님의 나라》와 로버트 레빈 《시간은 어떻게 인간을 지배하는가》도 함께 읽으면 좋다.

로리 베스 존스
《인생 코치, 예수》 (규장, 2004)

예수님이 이처럼 나에게 많은 인생의 지침서가 될 줄은 몰랐다. 예수님은 현실 지향적인 내 삶과는 너무도 거리가 있는 분이셨다. 그러다 이 책을 읽다보니 예수님은 과연 인생의 눈물과 아픔과 깊이를 이미 체득하셨던 인생문제의 달인이셨음을 알게 되었다.

이 책은 '예수를 인생 코치로 삼을 때, 당신은 텐트를 도둑맞게 될 것이다' '예수를 인생 코치로 삼을 때, 당신은 계획적으로 포기하게 될 것이다' '예수를 인생 코치로 삼을 때, 당신의 인생은 초점을 유지하게 될 것이다' 등 58가지를 제시해주시고 있다. 특히 가장 감동 받고 삶의 지침으로 삼고 싶었던 대목은 39번째에 나오는 '예수님을 코치로 삼을 때 당신은 평가받을 것이다'라는 부분이다. 사람들의 비난과 오해 가운데서도 "이는 내 사랑하는 아들이요 내 기뻐하는 자라."(마태복음 3:17) 말씀하시는 '하나님의 평가'에 귀기울였던 예수님, 나 역시 하나님께서 나를 어떻게 보실까에 주의하고 사람이 아닌 하나님의 평가를 두려워하는 사람이고 싶다. 그렇게 된다면 겉치레와 헛된 칭찬에 가득한 사람들의 평가보다는 나를 진실하고 냉철하게 바라볼 수 있을 것이다.

"주님, 제가 사람의 손에 빠지지 않고 하나님의 손에 빠지기를 소원합니다."(사무엘하 24:14)

김남준
《게으름》(생명의 말씀사, 2003)

일본에서는 6개월 이상 밖으로 나오지 않고 방안에 틀어박혀 외부와 전혀 접촉을 하지 않는 은둔족을 '히키코모리'라 한다. 우리나라에서는 마우스 하나로 모든 것을 해결하는 귀차니스트로 나타나기도 한다. 빠르게 변화하고 진보하는 사회의 흐름과 단절하고 사는 은둔과 게으름은 발전적인 자아에 역행하고픈 결과라고도 할 수 있다. 이 같은 성향이 내게도 있다는 사실을 김남준의 《게으름》이란 책을 만나면서 알게 되었다. 그동안 나를 참으로 부지런한 사람으로 규정짓고 게으름은 나와는 무관하다며 게으른 사람을 훈계하며 지낸 내가 부끄러워졌다. 내가 가장 많이 듣는 말은 '바쁘지요?'라는 말이다. 〈이사야〉에 '염려 없고 할 일 없는 안일한 여인네들'을 향해 경고하신 말씀을 읽을 때 나와는 관계없는 일이라 생각했다. 난 충분히 바쁘니까. 하지만 그 '바쁘다'는 말 속에 왜곡된 내 모습이 젖어있음을 각성하게 되었다.

이 책에서는 게으름을 단순한 인간 성향의 문제가 아니라, 마음에 뿌리를 내린 그릇된 자기 사랑이라고 말한다. 진실한 신자, 거룩하게 살고 싶다면 언제나 게으른 본성과 싸워야 하며 게으름을 죽이지 않고는 영적인 각성을 할 수 없다고 말한다. 신앙생활 중 가장 큰 적은 아마도 내 안의 영적 나태함과 게으름이 아닐까. 이것을 각성하고 게으름의 죄를 극복하며 거룩한 삶을 부지런히 좇는 열정적이고 진실한 신자가 되어야겠다.

마크 킨저

《죄책감으로부터의 자유》 (두란노, 1988)

청년시절 이 책을 거듭거듭 읽으면서 나를 괴롭혀온 연약함이나 실수들, 완수해내지 못한 것들, 우연히 찾아온 순간적인 죄의식으로 괴로워하던 것들은 '잘못'이 아님을 알게 되었다. '사탄이 우리 집에 불순물을 던져놓는 것을 막을 수는 없다. 하지만 그것을 발견하는 대로 다시 밖으로 내던질 수는 있다'는 말은 정말 위로가 되었다. 신앙적 양심이라는 틀 안에 옭아매고 나약한 양심으로 자신을 괴롭혔던 시절, 윤동주의 '잎새에 이는 바람에도 나는 괴로워했다'는 시구가 내 모습처럼 느껴졌다. 모태신앙은 신앙의 유산이라는 면에서는 가치 있지만 복음을 만나지 않는다면 무기력할 수 있다. 어린 시절부터 함께 자라온 교회 친구들 모두가 모태신앙인데 나만 믿음을 별스럽게 고민하며 아픈 시절을 보냈다. 실제적이지 않은 관념적인 죄의식에 짓눌려 몸부림쳤다. 물론 그 때문에 주님에 대한 열망도 만남도 친밀함도 있었다.

깊은 자기 정죄감에 빠져 허덕일 때 이 책은 내게 자유를 선물로 주었다. 자기 정죄감은 불신이라는 것도 알게 되었다. 이제 고백하건데 내가 만난 복음의 능력을 한마디로 정리한다면 '자유'다. 하나님의 사랑의 스케일은 너무 커서 그 사랑의 크기를 알고 그분의 성품을 알면서 하늘빛 '자유'를 만났다. 정호승의 〈꽃〉이라는 시가 있다.

마음속에 박힌 못을 뽑아
그 자리에 꽃을 심는다
마음속에 박힌 말뚝을 뽑아
그 자리에 꽃을 심는다
꽃이 인간의 꿈이라면

인간은 그 얼마나 아름다운가.

나는 '꽃'이라는 말을 '복음'으로 바꿔야겠다. 죄, 죄책감, 부자유, 억눌림, 죽음을 들어내고 복음을 대신 심어 생명의 열매를 맺도록 하겠다. 그래서 더 아름답게 인생이 변화된다면 그것이 복음이며 복음의 능력이 아닐까?

이재철
《인간의 일생》(홍성사, 2014)

이 책의 주제는 신앙을 자기 야망의 도구로 삼는 시대에 띄우는 마지막 청년서신이다. 오랜만에 좋은 책 한 권을 건졌다. 역시 영적 글쟁이는 따로 있나보다.

"그대의 일생을 그분께 드려라. 그대의 일생을 그분 안에서 생명 용품으로 일구어라. 그대의 일생이 말씀 안에서 자립과 공생의 수틀이 되게 하라. 그대의 일생토록 정점에서 이단에 빠지지 않도록 항상 진리를 위해 그대의 생명을 깎아 먹어라. 그 위에 더하여 매일 매일을 퇴장하는 날인 듯 일생 영적 선도를 유지하며 실력을 배양하여라."(335쪽)

이 책의 요약이자 결론이다. 171쪽도 인상적이다. 사람들의 칭찬에 우쭐하는 마음이 있다면 하나님과 내 욕망을 동시에 섬기고 있는 것이란다. 내 욕망을 위해서 하나님을 이용하는 것이다.

또한 213~214쪽에서는 명성과 높아지려는 유혹을 이야기하는데, '베레스 웃사'시켜야겠다. 하나님보다 더 높아지려는 나, 말씀보다 경륜을 더 중시하려는 나, 하나님보다 사람들의 인기에 영합하려는 나, 야망을 위해 하나님 말씀을 왜곡하려는 나, 진리의 대가가 불이익일까 두려워 진리를 외면하려는 나, 스스로 '베레스 웃사'함으로써 새로운 역사의 지평을 여는 말씀의 경호원이 되어야겠다.

마틴 로이드 죤스

《영적 침체》(새순출판사, 1992)

스물세 살에 읽고 20년이 지난 뒤 다시 읽었다. 그 당시 제3장 제목 '나무들 같은 것들이 걸어다니는 것' 설교문에 큰 매력을 느꼈다. 이 책은 기독교의 일면이 아니라 통합적이고 총체적이며 우주적인 하나님을 보게 하는 능력이 있다. 과거의 죄에 얽매여서 현실을 살아내지 못하는 영적 침체에 빠진 내 모습, 스스로를 정죄하고 현실을 사랑하지 못하는 내 현재의 모습을 적나라하게 보게 한다. 상실한 시간들, 잃어버린 시간을 메뚜기가 먹은 햇수대로 갚아 주리라고 하신 말씀처럼 많은 세월을 허비했지만 회복시켜주실 것을 바라보게 하는 책이다. 참으로 영적인 책이다.

만나 뵌 적 없어도 이 책은 읽기만 해도 설교 문장 안에 저자의 소리, 표정과 어조와 손짓이 내 머릿속에 가슴속에 파고든다. 20장을 읽으면서는 집회에 의존하는 내 모습을 발견했다. 여러 가지 상황으로 봉사를 못해 어찌할 줄 몰랐는데 나에게 바로 집회

광적인 현상이 있음을 알게 되었다. 그러나 화이트 헤드 교수의 '종교는 인간이 자기 자신의 고독을 견디는 것'이라는 말처럼 혼자 있을 때의 모습이 참모습임을 알게 한다. 세월의 흔적을 느낄 수 있을 만큼 낡고 오래된 책이다. 맞춤법 개정안 이전의 책이라 틀린 글자도 많고 활판 인쇄라 활자가 옆으로 누운 것도 있다. 최근에 다시 출간된 것을 구입하려다가 마음을 돌렸다. 낡음이 주는 기쁨과 오래 전에 충분히 누렸던 '흡족함'에 머물고 싶었다.

《성경》을 더 사랑하기 위한 책

10월 마지막 주는 우리 교단 종교개혁주일이다. 1517년 10월 31일 마틴 루터가 독일 비텐베르크교회 정문에 95개 조항을 공표한 날을 정규 종교개혁 기념일로 정한 것이다. 2017년이면 종교개혁 500주년을 맞이한다. '오직 말씀, 오직 은혜, 오직 믿음으로'만을 내걸고 교회의 개혁을 강조했던 그 옛날의 외침처럼 오늘도 그 정신이 살아 계속 개혁되어야 할 것이다. 종교개혁을 생각할 때마다 나는 얼마나 《성경》을 사랑하고 친밀하게 만나고 있으며 말씀과 함께 살아가는지를 되돌아보고 말씀을 좀 더 가까이 하려면 어떤 접근이 가능할지를 고민한다.

우리 시대의 탁월한 저술가 유진 피터슨 목사는 《메시지》 머리말에서 말한다. '읽는 것이 먼저다. 일단 《성경》은 읽는 것이 중요하다. 읽다보면 어느새 우리는 새로운 말의 세계에 들어가 대화를 나누게 된다. 하나님께서 시작과 끝을 쥐고 계신 그 대화에 우리도 참여하고 있음을 곧 알게 된다. 그 대화를 통해 하나님은 말씀으로 우리를 만드시고 복주시고 가르치시고 인도하시고 용서하시고 구원하신다'며 읽는 것의 중요성을 말했다. 말씀을 읽으면서 뜨겁게 만나고 사랑한다면 우리를 이끌어가고 나를 흔들

수 있는 것은 오직 말씀뿐임을 알게 된다. 《성경》을 본격적으로 읽어갈 때 길잡이 될 만한 책들과 함께 《성경》 속을 거닌다면 조금은 그 발걸음이 가벼워질 것이다.

데이빗 돌시
《구약의 문학적 구조: 창세기-말라기 주석》(크리스챤, 2003)

이 책을 만난 것은 내 생애 축복 중의 축복이며 소중한 감사다. 신비와 같다. 혁명과도 같은 책이다. 누구나가 자신을 변화시키고 가슴에 불을 지핀 책, 뜨겁게 끌어안은 책 한두 권 쯤 있을 것이다. 말씀을 구조적으로 파악하고 통합하고 아우를 수 있는 문학적 구조를 알게 된 것이 새로운 기쁨이었다. 국문학을 전공한 나로서는 눈이 휘둥그레지는 '사건'이었다. 지엽말단적인 세부적 지식 위주의 공부가 아니라 나무의 뿌리부터 맨 꼭대기까지 전체를 볼 수 있었다. 이 책을 만난 이후 말씀을 진지하게 연구하며 고민하면서 읽었고, 그 무엇도 부럽지 않은 큰 부자가 되었다. 이 책 때문에 한동안 행복했다.

《성경》의 플롯이 흥미로워 노트에 옮겨 적어가며 《성경》 내용과 문학적 구조를 연관시켜가며 공부했다. 《구약성경》이 이렇게 정형화된 문학적 구조를 갖고 있다니, 플롯의 아름다움을 알게 되었다. 《성경》은 문자로 읽기 전에 '들려주기 위한' 것이어서 하나님은 듣는 이들이 이해하기 쉽고 접근하기 쉬운 이야기 전달 방식을 택하셨는데 몇 가지 문학적 틀을 갖고 말씀하셨다. 이렇듯 문학적 구조 방법으로 《성경》을 읽다 보니 《성경》을 해석할

때 어떤 권위 있는 해석에 편승한다든가 정통적이거나 분석적이
고 객관적인 독서법 해석 등 단순편향적인 《성경》 해석의 껍데기
를 벗게 되었다. 시나 문학 해석처럼 주관적인 해석, 주관적인 독
서훈련을 통해 《성경》을 볼 수 있다는 새로운 깨달음을 얻었다.
이 말은 '행간'을 제대로 읽어야 하고, 누구에게나 《성경》을 해석
할 권리가 주어졌다는 걸 알았다는 의미다. 나는 말씀을 대할 때
마다 '기록한 말씀 밖으로 넘어가지 말라'(고전 4:6)는 말씀 해석의
원칙을 갖고 있다. 그러한 원칙 위에 말씀의 틈새와 내 삶과 상상
력과 생각을 친밀하게 밀착시키면 더 풍성한 열매와 기쁨을 거두
리라 확신한다. 이 책과 함께 깨달은 것들은 어떠한 값으로 매길
수 없는 보석이다.

문동학
《성경에서 나를 만나다》 (두란노, 2003)

《성경》 속 인물들에서 우리 안의 가능성과 희망의 메시지를 찾
는 책이다. 어린 시절 없이 성장해 과거의 추억으로 피할 수 없던,
과거와의 연결고리가 없던 아담부터 욥, 바울, 거라사 광인, 혈루
증 여인, 전쟁 용사였으나 외롭게 죽은 인간적인 지도자 여호수
아까지, 다양한 인물들을 살펴 바로 우리 안에 있는 나를 발견하
게 한다. 내가 발견하지 못한 내 안의 깊숙한 곳에 숨겨져 있던 연
약한 자아, 부끄러운 자아, 숨기고 싶은 자아를 보고 약한 우리를
하나님께로 이끄는 책이다. 저자가 머리말에서 '상상 속의 나'와
'거울에 비친 나'를 비교하듯이 《성경》이라는 맑은 거울을 보며

자신을 발견하는 책이다.

김성일

《성경과의 만남》(신앙계, 1990, 2012)

이 책을 1992년에 처음 읽고 최근 다시 읽었다. 예전에 흥분과 설렘, 신비감으로 책장을 넘겼던 기억이 생생하다. 《성경》으로 《성경》을 해석하고 풀이하는 책, 관주 《성경》의 끝을 찾아서 관주의 관주, 그 관주의 또 관주를 찾아서 《성경》의 비밀을 풀고 다시 《성경》으로 돌아오는 여정이 너무나 신비했다. 저자의 연구에 대한 집요함과 끈기도 감탄할 만하다. 《구약》의 〈창세기〉와 〈역대기〉에는 등장하지 않지만 〈누가복음〉의 예수님 족보에는 등장하는 인물 '가이난', 오병이어의 기적 때 어떻게 떡이 분배되는지를 몰랐는지, 야곱이 어떻게 라반의 양떼들 중에서 점 있는 양들을 자기 양으로 귀속시킬 수 있었는지 설명하는 부분이 흥미롭다. 평신도로서 《성경》에 의문점을 갖고 해석하고 풀려고 애쓰며 기도하고 노력한 흔적들이 역력하다. 엄청나고 신기한 얘깃거리들이 참 많다. 예전에 이 책을 읽으면서 관주 《성경》의 매력을 알게 되었고 관주를 지금까지 들춰보는 이유가 이 책 덕분이었다.

이쿠다 사토시

《하룻밤에 읽는 성서》(랜덤하우스코리아, 2005)

이 책은 기독교 출판사에서 펴낸 책이 아니다. 《성경》 안에 흐르는 거대한 하나님의 섭리와 경륜을 한눈에 보도록 그림과 지도를 많이 수록하고 도표화했다. 제목과 달리 읽는데 하룻밤 더 걸렸지만 맘만 먹으면 하룻밤에 읽을 수도 있을 것 같다. 《성경》의 사건을 나열하되 단순한 사건 나열에 그치지 않고 흥미진진하게 소개하며, 역사적 사건이 지닌 신학적인 의미와 구속사적인 의미까지 서술하고 있어서 유익하다. 그러나 《성경》을 이해하기 위한 주변적인 책들이 있다 할지라도 가장 우선되어야 할 중요한 텍스트는 《성경》이다. 다이제스트식 《성경》 지식 습득은 말씀에 대한 무지보다 더 무서운 적일 수도 있다. 《성경》 말씀이, 우물물처럼 아무리 물을 길어내어도 그 깊이를 모를 물줄기가 되어 깊고 맑고 투명한 영성의 집을 지으며 은혜를 구해야 할 것이다.

뷜리발트 보젠
《예수 시대의 갈릴래아》 (한국신학연구소, 1998)

나사렛을 나자렛, 갈릴리를 갈릴래아 등으로 표기해 처음엔 혼동도 있었지만 친절하고 학구적이어서 좋다. 서른세 살부터 열망한 이스라엘 성지순례를 위해 16년째 여러 책을 뒤적거리며 공부하고 말씀만을 죽어라 읽으며 준비하고 있다. 예수께서 거니셨던 그 땅, 흙먼지 이는 땅, 예수께서 고개를 들어 멀리 바라보았던 하늘 한 조각, 예수께서 호흡하신 그 땅에 가고 싶었다. 성지순례를 실제로 꿈꾼 몇 년 전부터는 《성경》을 읽을 때 지명이 나오면 머뭇거리게 되는 나를 보았다. 지명이 가장 많이 나오는 〈여호수아〉 뒷부분은 신경이 더 쓰인다. 비록 지금 그 지역이 고대처럼 보존되어 있지는 않겠지만 말이다. 〈열왕기하〉를 읽을 때 이 세벨이 작은 창문을 열고 멀리서 예후의 병거가 달려오는 것을 보고 눈화장을 했던 곳은 어디쯤일까, 므깃도 어디메쯤에서 요시아는 쓸쓸히 죽어갔을까, 성지에 대한 열망이 너무 간절해서 영원한 성역으로 그저 신비로움으로 남겨두고 싶은 이스라엘, 이 책을 계속 읽다보니 성지순례 포기가 더 어려워진다. 오늘 새벽에도 하나님께 그곳에 가고 싶다고 졸라댔다.(이 책을 읽으며 이스라엘을 갈망하다 2년 후인 2016년 1월, 이스라엘에 다녀왔다.)

토마스 V. 브리스코

《두란노 성서지도》(두란노, 2011)

《성경》 지리와 역사를 탁월하게 풀어낸 책. 자세하고 다양한 컬러 지도, 한눈에 볼 수 있는 연대표와 도표, 지역, 위치, 《성경》 시대의 고적들을 생생하게 보여 준다. 《성경》 당시의 지리 상황, 기후, 경제와 이동로 등을 설명해 성지의 지리적인 배경을 개관했고 〈창세기〉로부터 시작한 약 4천 5백 년의 역사를 이해하기에 편리하도록 차트로 정리했다. 주제와 사건, 인명과 지명을 부록에 정리해 쉽게 찾아볼 수 있다. 《성경》 곁에 두고 읽으며 오래도록 간직하고픈 탁월한 책이다. 이스라엘 성지순례를 준비하며 세 번을 읽고 이스라엘에 들고 간 지도책이다.

배리 밴드스트라

《바이블 아틀라스》(예경, 2013)

《성경》의 지리학과 역사, 창세기와 족장들, 사사시대와 왕들,

마음에 큰 감흥이 일어나는 책이다. 옛 지명과 현대 지명을 나란히 실었다. 현 지명 다마스커스와 《성경》 지명 다메섹, 에크바타나와 악메다를 동시에 실었다. 《성경》 이해를 돕는 진귀한 성화도 돋보인다. 빈센초 모라니의 〈에스더의 대관식〉, 카라바조의 〈성 세례 요한의 참수〉 같은 작품을 만나는 재미가 있다. 최후의 만찬은 유명한 다빈치의 작품이 아닌 화려한 스타일과 색상을 자랑하는 후안 드 후아네스의 〈최후의 만찬〉을 수록한 것이 색다르다.

대중매체 야무지게 읽어내기

인기 있는 드라마를 보지 않으면 무리에 끼는 게 쉽지 않다. 대하드라마 〈여명의 눈동자〉 인기가 높았을 무렵 나는 텔레비전 켤 시간도 없었다. 직장 동료들이나 주변 사람들에겐 그 드라마가 화제였다. 섬에 홀로 사는 듯한 느낌 때문에 김성종 원작《여명의 눈동자》열 권을 다 읽었다. 그 이후 드라마 〈허준〉의 원작 이은성의《동의보감》도 책으로 읽었다.

텔레비전을 안 보면 대화가 되지 않는 현실을 무시할 수는 없다. 사회 구성원들이 누리고 있는 대중매체가 다양하지만 그 중 널리 보급되고, 가장 막강한 위력을 과시하는 TV. 아침에 눈 뜨자마자, 외출했다가 집에 들어와서 리모컨부터 찾는다거나 볼 것도 없다면서 휴일에 또는 밤늦도록 연신 리모컨만 눌러대는 게 우리 현실이다. 늘 접하고 있어서 그것에 빠져있기 때문에 비판 없이 본다. 이 시대 그리스도인들에게 텔레비전은 무엇이며 어떻게 이용해야 할까?

대중매체는 활자매체, 영상매체, 음성매체로 나뉜다. 사건이나 사실을 객관적 시각으로 전달하는 정보전달의 기능, 정보를 객관적인 시각으로 해석하고 평가하며 여론형성과 갈등해소를 구현하는 사회 조정 기능, 공통 경험의 토대를 넓히고 소속감을 통한 통합을 유도하는 사회화 기능을 한다. 그러나 대중매체가 만들어내는 유형에 따라 사는 수동적 존재가 되어 가고 있다. 대중매체가 제공하는 정보를 무비판적으로 받아들이는 태도에서 벗어나 스스로 대중문화를 생산하는 능동적인 주체가 되려는 노력이 필요하다.

연꽃이 진흙탕 속에서 아름다운 꽃을 피워내려면 우선 연꽃뿌리가 진흙탕 속에서 한 줄기 맑은 샘물을 찾아야 한다. 그 생명수를 찾았을 때라야 연꽃은 피어난다. 크리스천도 그런 것 같다. 어제와 같은 오늘, 오늘과 같은 내일을 살아가면서 이 답답하고 힘겨운 삶 가운데서 맑은 샘 줄기를 반드시 찾아내어 호흡해야 하지 않을까?

그 '맑은 물'이 바로 이 시대를 바르고 정확하게 읽어내고 호흡하는 안목과 식견이라고 생각한다. 그 안목과 식견에 도움이 되는 것이 바로 활자매체라고 생각한다.

활자매체 외에도 TV로 대표되는 영상매체 역시 중요한 역할과 기능을 하는데 활자매체보다 영상매체는 더 강력하다. 악화가 양화를 구축한다는 그레샴의 법칙은 TV에도 적용된다. 이 시장논리는 TV의 수준을 설명하는 데도 꽤 맞아 떨어진다. 시청자의 수준은 시청률과 같다고들 흔히 말한다. 시청자들은 재미없으면 바로 채널을 돌리기 때문이다.

TV는 다른 매체들과는 다른데 신문은 종이와 윤전기만 있으면 무궁무진하게 찍어낼 수 있지만 TV 방송은 전파의 속성상 제한된 수의 채널밖에는 가질 수 없다. 그렇기 때문에 TV는 시청자를 자기 채널에 묶어두기 위해 프로그램 곳곳에 흥밋거리, 선정적인 내용의 장치를 찔러놓는다. 그래서 TV 프로그램의 건전성은 늘 사회적인 논의의 대상이 되고 있다. 시청자들은 오락위주가 아닌 유익성을 기준으로 한 편성을 해달라고 주문하지만 실현되지 않고 있으며 여전히 TV는 시청률의 절대적인 지배하에 놓여있는 게 우리 현실이다.

시청자는 대체로 수동적이고 습관적으로 TV를 시청한다. TV를 보고 있으면 나도 모르게 창조적이며 주체적으로 생각하고 판단하는 것을 거부하게 된다. 그러나 우리 크리스천 시청자는 보다 주체적이고 능동적으로 TV를 시청하고, 다양하고 창의적으로 활용하는 시각이 필요하다. 온갖 눈에 보기 좋은 것들, 윤리와 도덕, 절대 선을 거부한 애매한 논리들이 판을 치고 오직 시청률에만 매달리는 모습을 TV에서 찾아내야 한다.

뉴스나 다큐멘터리는 시청률과 관계없는 아주 냉정하고 객관적인 정보라고 맹신하지만 그것 역시 제작의도와 방송사의 의도가 깔려 있기 때문에 신중하게 비판하며 봐야 한다. 언젠가 한 번 기독교 TV에서 대학생들에게 가장 인기 있는 모 방송국 9시 뉴스 앵커가 간증하는 것을 보았다. 그 앵커는 뉴스 역시 시청률에 좌우되며 좀 더 자극적인 기사를 알리려는 의도를 갖고 있다는 것과 자신이 크리스천이 된 이후 그것이 늘 양심에 걸렸다는 고백을 했다.

영상시대를 사는 그리스도인들에게 TV는 무엇이며 어떻게 이용해야 할까를 고민하고 TV 뉴스를 읽어내는데 도움이 될 만한 책들을 읽었다.

퀸틴 슐츠
《거듭난 텔레비전》(IVP, 1995)

한마디로 야무진 시청자가 되라는 책이다. 텔레비전을 개선하려는 목적을 갖고 썼다는데 수동적인 시청자가 아닌 적극적인 비평가가 되기를 제안하고 있다. 정보 제공과 오락이라는 유익함을 주지만 유해한 면도 있으니 TV를 옹호만 하는 것도, 사악무도한 매체로 보는 것도 문제가 있다고 말한다.

TV를 비판만 하는 사람들은 하나님의 '선한 창조'를 놓치고 있으며, 옹호자들은 타락이 가져온 '황폐'를 지나치고 있다면서 두 견해 모두 비판한다. TV 제작자와 시청자가 함께 매체를 바르게 세워 영적, 도덕적, 미학적 순수성을 유지할 때 TV는 '구속(救贖)받을' 수 있다.

다시 말해 TV를 거듭나게 할 만한 가치 있는 매체로써 인간이 발견한 하나님의 선물로 보고 있다.

저자는 TV를 '전자 트로이 목마'에 비유하면서 TV가 '은혜의 마차'로 변신하는, 즉 텔레비전의 거듭나기를 희망하고 있다. 또한 이 책은 미국의 TV 프로그램들을 다양하게 열거해가며 비판하는데 책 뒷부분에서는 프로그램에 대한 간략한 설명도 있어 내용을 이해하는데 별 어려움은 없다.

부모들은 일반적으로 자녀들과 TV 때문에 다툰다. 아이들이 혼자 멍하니 TV를 보도록 방치할 것이 아니라 함께 보면서 비판해 보면 어떨까.

우선 부모가 비판능력을 갖는 것이 중요하다. 한 가지 방법을 소개한다면 신문이나 잡지에 소개된 TV 프로그램 모니터 글을 읽으면 새로운 시각을 키워갈 수 있다. 예를 들어 TV 프로그램 〈전파견문록〉의 경우 어린이들의 순진한 말투와 모습을 어른들의 볼거리로, 웃기는 소도구로 이용했다는 비평을 하거나, 스포츠 프로그램에서 승패만을 전달해 승자만을 영웅시한다는 비평을 할 수도 있다.

또한 각 채널마다 넘쳐나는 '연예프로'는 특종을 잡으려는 욕심에서 빚어낸, 연예인들의 인권이 무시된 시시콜콜한 잡담거리에 불과하다고 평가하거나, '드라마'는 시청률을 높이기 위해 흥미를 유발하는 문제투성이 가정, 왜곡된 가정을 설정하고 있다는 안목을 키워야겠다.

마리 윈

《TV를 끄자》 (서원출판사, 1993)

가정과 교회와 학교에서 의도적으로 TV를 끄는 '운동'을 권하고 있다. TV를 꺼야 하는 이유를 ① 다른 일하는 것을 막는다. ② 부모를 무력하게 한다. ③ 아이를 수동적으로 만든다. ④ 정보를 얻을 수 있으나 필요한 정보가 생겼을 때 어떻게 정보를 얻을 수 있을지는 배우지 못한다. ⑤ TV 시청시간과 비만증은 관계가 있고 아동의 신체적 성장에 부정적이다 등이다. TV를 습관적으로 틀어 놓지 말고 '끄는 연습'을 해보자. 그렇게 해서 TV에 빼앗긴 시간들을 찾으면 갑자기 '선물'을 받은 듯, 그 시간에 무엇인가를 해야겠다는 계획에 행복해질 것이다.

김기태

《텔레비전, 어떻게 볼 것인가?》 (한나래, 1999)

하루 동안 우리나라와 세계에 얼마나 많은 사건이 일어날까? TV 뉴스 제작진은 그 많은 뉴스 가운데 주어진 시간 동안 내보낼 주요 기사, 흥미 있는 기사를 뽑고 다른 방송과 차별되는 기사를 내보낸다. 뉴스가 될 만한 가치가 있느냐 없느냐를 판별기준에 따라 정한다.

이런 경우 아주 우스운 현상이 벌어지는데 바로 2분 뉴스, 1분 뉴스 같은 프로다. 마치 1,2분 동안 온갖 뉴스가운데 핵심만 찔러주는 듯한 착각을 불러일으켜 귀를 쫑긋하며 듣지만 아주 싱거운 뉴스도 꽤 있다.

〈추적 60분〉〈그것이 알고 싶다〉〈시사 매거진 2580〉〈쟁점토론〉 등의 정보를 맹목적으로 신뢰하는 것도 생각해 보아야 한다. 객관성 있게 취재해 문제를 진지하게 다루고 있는 것처럼 보이지만 시청률을 향한 방송사의 의도가 숨어있음을 분명히 알아야 한다. 따라서 무비판적으로 그 정보들을 신뢰하고 수용할 것이 아니라 주체적으로 판단하며 보아야 한다.

어떤 사람은 뉴스를 보면서 기도 제목을 만든다고 한다. 이전투구 하는 볼썽사나운 정치인들의 행태를 보면서 우리나라 정치가 맑아지고 그들이 참된 목민관이 되기를 기도한다. 수해 현장 보도 뉴스에서는 수재민이 아픔을 극복하고 도움의 손길을 주어 다시 일어서기길 바란다. 경제를 위해서, 사회악이 사라지고 복음이 우리 사회의 주된 관심이 되기를 기도하면서 뉴스를 보는 것도 좋겠다. 크리스천에게는 그 찌꺼기를 걸러내는 냉철함과 지혜, 둘 다 필요하다.

다음의 책들은 TV를 보는 균형 잡힌 관점을 제공해 준다. 강준만의 《대중문화의 겉과 속》(인물과사상사, 2013)은 크리스천의 시각은 아니지만 TV 구조를 움직이는 여러 파워들을 아주 날카롭게 비판하고 있다. 이처럼 좋은 시각을 제시한 책으로는 닐 포스트먼 《죽도록 즐기기》(굿인포메이션, 2009), 정준영 《텔레비전 보기-시청에서 비평으로》(책세상, 2002) 등이 있다.

"은에서 찌끼를 제하라. 그리하면 장색의 쓸 만한 그릇이 나올 것이요"(잠언 25:4)

하정완

《영화에서 주님을 만나다》 (규장, 2001)

이 책에서 제일 관심을 끌었던 것은 '섀도우 랜드-행복한 고통'(197~204쪽)이었다. C.S.루이스의 삶을 영화로 만든 〈섀도우 랜드〉는 옥스포드 대학교의 영문학과 교수 루이스와 시인이자 작가인 조이의 사랑 이야기이다. 악성골수암 환자 조이를 사랑하는 루이스, 악화되어가는 질병, 고통스러운 삶에 직면하는 두 사람.

조이는 불안해하는 루이스에게 '우리가 앞으로 겪을 고통도 행복의 일부인 것'을 상기시킨다.

고통은 우리의 잘못을 깨닫게 해준다. 루이스는 그동안 자신을 가둬놓고 자신만을 위해 살던 모습을 발견한다. 그는 조이의 고통을 보면서 자신에게 말씀하시는 하나님의 소리를 들은 것이다. 그는 지금까지의 삶이 꼭 행복하고 아름다운 것이 아니었음을 깨닫는다. 고난 당하기 전의 상황은 그릇된 상황이며 행복하거나 유익한 상황은 아니다. 고통은 우리를 성장하게 만든다. 그것이 곧 성장과정이기에 젖을 떼는 아이가 고통을 감수하듯이, 루이스가 깨달은 것이 바로 이것이었다.

오랫동안 혼자만의 세계에 자신을 가두어놓고 살아온 인생. 자신 안에 갇혀 있던 그가 스스로 하나님께 가까이 나아가는 경험을 한다. 하나님이 우리를 들어쓰시는 시기는 우리가 성장했을 때이다.

"고통도 행복의 일부다. 위암 수술을 받으려 병원에 입원했을 때 사람들이 보기에는 불행한 시간이었을 것이겠지만 그 기간에 행복했다. 아내가 나를 얼마나 사랑하는지 교회 식구들과 내 주변의 사람들이 나를 얼마나 깊이 사랑하는지를 충분히 느꼈던 시간이었다. 조이의 삶이 얼마 남지 않은 시점에서 이상향 섀도우 랜드로 여행을 떠나는데 이 마지막 여행에서 루이스는 행복을 느끼지만 앞으로 다가올 조이의 죽음을 받아들이려고 하지 않는다. 애써 루이스는 죽음의 고통을 부인하려 한다. 그때 조이는 루이스에게 말한다. "그때 받을 고통은 지금 누리는 행복의 일부에요." 고통의 순간에도 행복할 수 있다. 루이스의 행복은 조이를 사랑할 때 시작되었다. 사랑하면서부터 고통 또한 행복의 일부가 되었다. 어머니 병간호 기간을 아내와 나는 우리 결혼 생활 중 가장 아름다웠던 때로 기억하고 있다. 그런 의미에서 고통은 행복의 일부이다."

아이 손에 쥐어주고 싶은 책

아이가 책에 관심이 없고 TV나 게임에만 빠져 있다는 어떤 어머니의 고민을 들었다. 먼저 책과의 특별한 경험을 만들어보라고 했다. 중고등학교 시절에 읽었던 어머니의 손때 묻은 추억의 책을 보여주며 그 책에 얽힌 이야기를 들려주거나 아이와 함께 연극이나 뮤지컬, 만화영화를 보고 그 작품의 원작을 찾아 읽어 보기, 아이 생일이나 특별한 날에 책 선물 하기, 한 달에 두세 번은 책방 나들이를 가서 직접 책 고르기… 이런 경험을 통해 독서는 특별한 일이 아닌 습관이며 일상적이라는 걸 아이들은 터득하게 될 것이다. 또한 독서 자세를 문제 삼지 말아야 한다. 우리는 책과 눈의 간격을 30cm 유지하고 허리를 꼿꼿이 한 채 책을 읽는 것을 가장 올바른 자세처럼 알고 있다. 이것은 《훈몽자회》에서 '경서'를 읽을 때의 자세이다. 아이가 느끼는 가장 편안한 자세로 즐겁게 읽도록 놔두면 저절로 터득하게 될 것이다.

이현주

《작은 영혼과 바보 온달의 이야기》(성서원, 2002)

한국 기독교 동화의 아름다움을 보여주는 이 책은 《삼국사기》

에 수록된 〈바보 온달과 평강공주〉 이야기를 장편소설로 개작했다. 온달의 친구 바우라는 곰과 작은 영혼이 등장하는 점이 다르다. 기독교 서점에 가면 저학년 어린이를 위한 그림책들은 있는데 소년부 수준의 어린이들이 읽을 만한 동화가 부족하다. 그나마 있는 책들은 비기독교 서적과 비교해 보면 컬러라든가 장정, 내용과 편집 수준이 뒤떨어져 늘 아쉬웠다. 그런데 이 책은 주제나 내용면에서 우수하다. 1973년 첫 출간되고 1988년에 새벗사에서 발간했는데 비기독교 아동문학 평론가들에게도 호평을 받은 작품이다. 온달은 고구려 사람으로 《삼국사기》에 나오는 인물인데 어떻게 기독교 동화로 개작되었을까? 작가의 문학적 상상력이 돋보이다.

사람들에게 손가락질 당해도 화낼 줄 모르고 마음속에 미움의 감정이 전혀 일어나지 않는 착한 온달에게 거짓 구원자인 '작은 영혼'이 평강공주의 몸을 입고 이 땅에 내려온다. 평강공주의 몸에 들어온 '작은 영혼'은 순수하기만 한 바보 온달을 가르친다. 그러나 평강공주의 세속적인 사랑의 방식이 결국엔 온달을 죽음의 길로 내몰고야 만다. 섣불리 남을 고치려드는 평강공주의 사랑이 깨끗한 동심을 가진 한 인간을 망가뜨린 죄를 짓게 된 것이다.

나는 이 작품을 우리나라의 기독교 어린이 문학에 한 획을 긋는 작품으로 평가하고 싶다. 외국 기독교 문학의 번역도 시원찮고 걸출한 창작도 부진한데 한국적인 토양 위에 신앙의 무늬로 아로새긴 작품이 아닐까 한다. 누구나 아는 온달과 평강공주를 등장인물로 삼고, 하나님께서 사람에게 처음에 주신 순수하고 맑은 영혼이 잘못된 사람들의 속셈에 얼마나 짓밟히고 망가지는지를 보여주는 강한 주제의식 때문이다. 비기독교 문학 비평가들에게도 존중 받는 작품이다. 한 가지 아쉬운 것은 내용만큼이나 일러스트가 이 책의 가치를 뒷받침해 줄 만큼 세련되지 못한 점이다. 현대적 장정과 편집이라면 더 많은 독자층을 확보할 수 있을 것이다.

아서 가이서트 글, 그림
《노아의 방주》 (비룡소, 2003)

지난 여름철 계속된 홍수처럼 비가 많이 내리는 이야기가 《성경》〈창세기〉에도 나온다. 노아의 방주 이야기인데 이 책 《노아의 방주》는 비기독교 출판사에서 출간되었다. 구름이 한 점씩 모이며 비가 내리려고 잔뜩 찌푸려 있는 과정, 뼈대부터 시작해서 하나씩 방주가 지어져 가는 과정, 옆면에서 바라본 방주정경, 동물들이 하나 둘씩 모여드는 모습, 배 안에서 먹이를 주며 동물들을 돌보는 노아네 가족, 비를 내리기 위해 하늘이 열리는 모습, 동물들이 배 안에서 각자 자기 자리에 서 있는 모양을 재미있게 그려낸 책이다. 방주인데 갑판을 만들고 거기에 빨래를 넌 것이나 곤충들을 종류대로 병에 따로따로 넣은 것은 《성경》과 맞지 않는 부분이지만 《성경》의 내용과 다른 부분, 작가가 상상한 장면을 발견하면서 읽는 즐거움도 있다.

그림책을 자세히 들여다보면서 그 복잡한 방주 안에서 서로 어떻게 어울려 살게 되었는지 교훈도 발견할 수 있다. 또한 노아가 방주 안 동물들을 세심하게 보살펴 주는 것을 보니 날씨가 점점

추워지는 요즘, 그 마음이 더욱더 따뜻하게 느껴진다.

오로라 라바스티다 글, 매리 홀 엣츠 그림
《크리스마스까지 아홉 밤》(비룡소, 2002)

크리스마스를 기다리는 사람들이 많은 만큼 각 나라마다 성탄절 풍습과 문화가 다양하다. 이 책은 멕시코 어린이들의 특별한 크리스마스 풍습을 소개한 그림책이다. 부드러운 연필 터치로 섬세하고도 따뜻한 그림을 보여주는 이 책은 흑백의 그림과 화려한 분홍색, 노란색, 주황색을 곁들인 선명한 색조가 아름다운 인상을 준다. 또한 멕시코 사람들이 입는 전통의상과 함께 크리스마스를 기다리는 아이의 소망이 멕시코 전통 풍습소개와 함께 잘 나타나 있다. 멕시코에는 피냐타(진흙 항아리)를 만들어서 크리스마스 축제기간인 '포사다' 때 깨뜨려 사탕을 나누어 먹는 풍습이 있다. 주인공 세시는 별 모양의 피냐타를 만들었다. 정성을 다해 만들었기에 자신의 피냐타가 깨지길 원치 않는다. 그러나 결국 사람들은 풍습에 따라 별 모양의 피냐타를 깬다. 사람들이 깨뜨린 것은 다만 진흙 항아리였을 뿐, 하늘에 아름답게 빛나는 진짜 별, 자신의 별, 크리스마스를 위해 보낸 새 별은 아무도 깨뜨릴 수 없고 또한 영원하다는 생각을 한다. 복음이 전파되면서 형성된 크리스마스 풍습을 알려주고 내가 깨뜨리고 싶지 않은 소중하고 아름다운 별은 무엇인지를 아이와 이야기해 보면 좋겠다.

어느 평신도의 책읽기

맥스 루카도

《야곱의 선물》(요단출판사, 2005)

크리스천 사이에서 유명한 연극 〈빈 방 있습니까〉는 주님께 아무것도 드릴 것이 없었던 한 교회학교 어린이를 통해 우리들의 위선과 교만을 책망한다. 이 연극 속에 나오는 한 아이의 순수한 마음이 주님께 드린 선물이었다면, 이 그림책은 소중한 선물을 아기 예수께 직접 드린 한 어린이 이야기이다. 《토비아스의 우물》《아주 특별한 너를 위하여》로 유명한 맥스 루카도 작품이다.

사흘 뒤면 가장 훌륭한 물건을 만든 사람에게 회당 짓는 일을 도울 기회를 주신다는 시몬 선생님 말씀에, 야곱은 밤늦도록 멋진 구유를 만든다. 아마도 이때까지 만든 것 중에서 가장 훌륭한 물건이 될 것이다. 그 결정의 날을 앞두고 밤새 일하던 야곱은 잠깐 잠이 들지만 반짝이는 별빛 때문에 잠이 깨 별빛을 따라가다 그날 밤 잘 곳이 없는 한 아기를 보게 된다. 누울 곳이 변변치 못한 그 아이의 누울 자리로 자신의 작품인 구유를 내어준다. 이 그림책을 아이에게 읽어주면서 모르고 한 착한 행동이 예수님께 한 일이라는 것과 내가 예수님께 드릴 가장 소중한 선물은 무엇인지를 이야기해보면 좋겠다.

박은희 편, 이미라 그림

《바람이 빼앗아 간 빵》(모퉁이돌, 2009)

빵 세 개가 전 재산인 어느 친절한 아주머니가 배고픈 사람들에게 빵 두 개를 나누어주고 마지막 세 번째 빵을 먹으려는데 바람이 채간다. 바람이 배고파 빵을 가로채간 것일까? 이 아주머니는 지혜로운 솔로몬에게 바람을 고소하려고 가는데 왕궁에서 뱃사람들을 보게 된다. 뱃사람들은 폭풍우 때문에 배에 구멍이 뚫려 위급했는데 육지에서 바람과 함께 날아온 빵이 배 구멍을 막아 주었다며 자기들 황금의 10분의 1을 주겠다고 한다. 물론 황금은 바람이 빼앗아 간 그 빵의 주인인 아주머니의 것이 된다는 내용이다. 지혜동화 시리즈 중의 한 권이다. 탈무드에 나오는 지혜로운 이야기들을 우리말로 새롭게 엮어 낸 이 책은 《성경》 이야기는 아니지만 《성경》 속 인물을 배경으로 해서 친숙하게 느껴진다. 이렇게 좋은 책들이 서점 한 귀퉁이에 꽂혀 있어 도무지 눈에 띄지 않는다는 게 안타깝다.

제프 브럼보 글, 게일 드 마켄 그림
《퀼트 할머니의 선물》(홍성사, 2002)

'완벽하게 아름다운 책'이라는 독자 서평이 실감나는 책이다. 초록빛, 자주빛, 붉은빛, 오렌지빛, 분홍빛 등 아름다운 채색으로 조각을 이어가며 할머니는 퀼트(조각보)를 만든다. 사람들은 퀼트를 사기 위해 모여들지만 할머니는 가난하고 갈 곳 없는 사람들, 추위에 떨며 자고 있는 사람에게 몰래 갖다 준다. 이에 반대되는 인물인 왕은 진귀한 보물을 많이 갖고 있지만 행복하지가 않다. 왕은 이 행복해지는 퀼트를 빼앗으려 하지만 보물을 모두 남에게 주어야만 줄 수 있다며 거절당하자 할머니를 섬에 가둔다. 할머니는 보물을 한 가지씩 나누어 줄 때마다 퀼트를 한 조각씩 만들겠다고 말하자 왕은 고민 끝에 보물을 나누어준다. 좋은 것을 나누어주면서 웃음을 찾고 가난해진 왕은 할머니에게 그동안 완성한 퀼트를 선물로 받고 자기의 마지막 보물 '왕좌'를 바느질 할 때 사용하라고 준다. 할머니는 퀼트를 만들고 왕은 할머니의 퀼트를 가난한 사람들에게 나누어주는 심부름을 하면서 참 행복을 알게 되었다는 내용이다. 나눔의 아름다움, 〈사도행전〉의 도르가와 같은 행실이 기억나는 이상적인 작품이다.

데이비드 우드워드
《성경 속의 동물 이야기》(생명의 말씀사, 2002)

이 책에는 우리가 잘 알고 있는 《성경》 속에 등장하는 동물이 나온다. 동물들을 적절하게 사용하신 하나님의 지혜와 섬세함이 느껴진다. 비가 지루하게 내린 이후 방주에서 언제 나가야 하는지를 알려주는 비둘기, 애굽 남자를 치시던 날 짖지 않았던 개, 발람에게 대든 나귀, 어린 송아지를 남겨두고 언약궤 실은 수레를 끌고 가는 엄마 소, 엘리야를 먹여 살린 까마귀, 다니엘을 해치지 않은 사자, 요나를 삼켜 안전한 곳까지 데려다 준 큰 물고기와 요나를 깨우치는 일에 협력한 박넝쿨의 작은 벌레, 주님을 부인했던 베드로를 깨우쳐 준 수탉 등 열세 가지 동물들이 등장한다.

모든 들짐승들과 가축들, 기어다니는 것과 날아다니는 새들아, 여호와를 찬양하라! (시편 148:7,10)

아나이스 보즐라드 글, 그림

《전쟁》 (비룡소, 2001)

이라크 전쟁, 걸프 전쟁, 베트남 전쟁, 1950년 한국 전쟁 등 인류는 수없는 전쟁의 역사를 갖고 있다. 복음송 그대로 '세상은 평화를 원하지만' 이 땅에서 전쟁의 소문은 그치지를 않는다. 그러나 총과 폭탄, 생화학무기 등을 겨누어대는 공간적인 전쟁뿐 아니라 그보다 더 무서운 미움과 다툼의 땅 한가운데 분노를 버리지 못하는 우리들이 서 있다. 얼마 전 이라크 전쟁의 영향으로 전쟁을 소재로 한 동화와 소설이 많이 팔렸는데 대개 전쟁의 아픔과 그 후유증을 다룬 작품들이었다. 이 책은 화선지에 수채화를 그린 것 같은 촉촉한 느낌이 드는 그림책으로 내용은 짧지만 아이들과 함께 전쟁과 화해를 이야기하기에 좋다. 오래 전부터 전쟁을 벌이는 빨강나라와 파랑나라, 너무 오랫동안 전쟁을 했기 때문에 그들은 전쟁이 왜 시작되었는지 왜 싸우는지 아무도 모른다. 오랜 시간이 지난 후 양쪽 군사들은 점점 줄어가고 후에 파랑나무 왕자의 지혜로 전쟁이 끝나게 된다. 피 한 방울 흘리지 않고 평화를 만들어낸 파랑나라 왕자를 보니 예수 그리스도가 생각난다. 평화를 가장한 전쟁을 거부하고, 대화로 문제를 풀어 가는 지혜로움이 바로 주님께서 평화를 만들어가는 방식이다.

메릴 도니 글, 윌리암 젤다트 그림

《걱정 많은 참새 투덜이》 (홍성사, 1994)

걱정거리가 너무 많아 걱정인 참새 '투덜이' 이야기이다. 첫 장을 열면 다른 새들은 푸른 하늘을 보면서 즐겁게 노래를 부르는데 턱을 고이고는 심각한 표정을 짓는 투덜이 모습이 눈에 띈다. 아빠 엄마가 먹이를 물어올 터인데도 먹을 걱정, 하늘을 나는 걱정, 추운 겨울을 나야 할 걱정, 결혼 걱정, 새끼를 낳고 키울 걱정 등 언제 닥쳐올지 모르는 걱정 때문에 늘 울상 짓는 새 투덜이. 그런 투덜이가 비둘기에게 하나님의 창조 이야기를 듣는다. 투덜이는 온 땅에 생명들 하나하나가 살아가는 데 필요하고 적절한 시간을 누구보다도 잘 알고 계신 하나님께서 지켜주신다는 이야기를 듣고, 곧 태어날 새끼들에게도 세상을 잘 알고 계시는 하나님을 얘기해 주겠다고 마음을 고쳐먹는다. 그리고 활기찬 날갯짓을 시작한다. 언제나 불평을 하고 하나님께 늘 불만스러워하는 어린이가 있다면 이 책을 읽어보면 좋겠다. 이 책을 읽으면서 내 모습을 보는 것 같아 눈물이 핑 돌았다. 모든 세대를 위한 그림책시리즈 중의 한 권인데, 〈마태복음〉 6장 31절 말씀을 들려주면서 아이와 함께 읽어보면 좋겠다. "그러므로 염려하여 이르기를 무엇을 먹을까 무엇을 마실까 무엇을 입을까 염려하지 말라."

존 & 신디 트랜드 /게리 & 노라 스몰리 글, 주디 러브 그림

《보물나무》(홍성사, 1995)

핵심내용은 힘을 모아 찾은 진짜 보물이 '친구'라는 것. 어린이들은 교회, 학교, 학원, 놀이터를 함께 오가며 놀고 공부할 때 함께하는 친구가 있다. 친구의 의미와 가치, 아름다운 관계를 일깨워주는 책을 고르던 중 이 책을 만났다.

네 동물 친구들이 네 개의 열쇠를 찾아가는 내용인데 재빠르고 용감하게 결단하고 추진하는 사자 때문에 첫 번째 열쇠를 찾고, 항상 명랑해 친구들을 즐겁게 해주는 수달 때문에 두 번째 열쇠를 찾는다. 세 번째 열쇠는 나비를 구해준 사냥개의 친절과 착한 마음씨 때문에 찾고 마지막 열쇠는 모든 것을 세밀히 관찰하는 비버 때문에 찾는다. 서로 가진 특징을 발견하고는 그들의 장점을 합하여 서로가 필요한 존재임을 확인하는 장면, 즉 열쇠 네 개를 합쳐야 문을 열 수 있다는 것을 깨닫는 순간에 문을 열고 드디어 보물나무를 찾게 되는 장면이다.

서로를 진정으로 바라보지 못하고 그저 무의식적으로 함께 지내오던 친구들이 진짜 보물은 서로가 서로에게 얼마나 소중하고 필요한 존재인지를 깨달은 그것이다. 또한 서로 다른 점 때문에 여러 수수께끼들을 풀어갈 수 있었던 것처럼 친구란 성향이 같은 부류가 모이는 것도, 자기와 같아지기를 강요하는 것도 아니고 각기 다른 특성을 이해하고 받아들여야 한다는 걸 말해준다. 이 책 뒷부분에 나와 있는 성격 테스트로 나는 어떤 유형의 친구인지 한번 알아보는 것도 좋을 것 같다. 동물들의 표정과 몸짓이 여러 빛깔로 표현되어 있고 그림이 익살스러워 아이들이 좋아한다.

질 브리스코

《요나와 벌레: 요나에게 파송된 벌레 이야기》 (양무리서원, 2003)

탁월한 상상력! 읽기조차 아까운 책이다. 처음에는 《성경》을 소재로 한 책이 갖는 몇 가지 선입견 때문에 사놓고는 거들떠보지 않다가 우연히 책을 펼쳤는데 뒤통수를 맞는 듯했다. 내 생각이 완전히 뒤바뀌었다. 부제목은 '요나에게 파송된 작은 벌레 이야기'인데 요나(책에서는 일꾼)가 주인공이 아니다. 요나의 사역을 돕기 위해 파송된 작은 벌레의 시점(관점)에서 이야기를 진행한다. 너무 작아서 어느 곳을 가든지 시간이 많이 걸리고, 할 수 있는 일이라고는 없을 것 같은 작은 벌레가 창조주 하나님이 준비하신 '중요한 일'을 위해 선택의 여지없이 그 일을 해야 한다는 생각 하나로 순종하여 니느웨로 간다. 우여곡절 끝내 요나를 시원하게 해준 박넝쿨을 씹어 먹는 사명을 완수한다.

이 책을 보면 하나님께서 계획하신 일을 이루시기 위해서 피조물들을 모두 유효적절하게 사용하신다는 것도 알 수 있다. 4장으로 구성된 《구약성경》 '요나'를 아주 섬세하게 읽어내듯 진지하다. 《성경》의 큰 틀을 벗어나지 않으면서도 등장인물들 사이의 갈등과 일어난 사건들이 짜임새 있게 연결돼 극적인 흥미도 더해준다. 이런 작품을 보면 기독교 어린이 문학의 무한한 가능성을 보는 듯해 매우 흐뭇하다. 단, 번역 말투가 어색해서 읽기가 껄끄럽다는 게 옥의 티다. (2011년 《요나와 꼬마벌레 : 꼬마벌레가 들려주는 새로운 요나 이야기》로 성서유니온선교회에서 재출간했다)

장수경

《성경속의 위대한 왕따들》 (멘토, 2000)

세상을 이끌어간 위대한 왕따들의 이야기다. '왕 따돌림'의 준

말인 '왕따'가 나오더니 은따(은근히 따돌린다), 집따 등의 은어들이 속출하는 현실을 보면 우울해진다. 나와 다른 사람을 부정하고 약자로 만들어버리고 우월해지고 싶은 욕심 때문에 초래된 왕따 문제, 가해자는 별다른 죄의식 없이 힘을 발휘하고 잔인해져간다. 얼마 전 태권도를 배워 왕따를 해결하자는 학원전단지를 보고 경악했던 적이 있다. 왕따 문제를 체력단련으로 해결하려는 안타까움과 그렇게라도 대처할 수밖에 없는 현실에 가슴이 아팠다. 이 책에 나오는 요셉, 다윗, 욥, 다니엘, 사마리아 여인, 바울 등은 하나님께서 귀히 쓰임 받은 이들은 하나같이 왕따였다. 예수님 역시 왕따였으니 말이다.

이 책 머리말같이 하나님께서는 어두운 그늘 속에 홀로 있는 왕따들과 함께하셔서 그들의 아픔을 꿈으로 승화시키셨다. 세상 사람들이 깜짝 놀랄만한 일꾼들로 만드셔서 그 시대를 이끌어가게 하셨다. 하나님의 형상을 찾아 회복된 삶을 살아가는 위대한 왕따들을 이 책에서 만나길 바란다.

서정열

《빨간 성경책》(성서원, 2001)

이 책은 새벗 문학상 당선작으로, 어린 시절 시골교회의 추억을 들려준다. 교장 선생님인 아빠의 근무처를 따라 시골마을로 오게 된 아이 '용휘'가 시골마을에서 목사님의 딸인 '지인'이를 만나 예수를 믿게 되고 다른 이를 깊이 헤아리는 속 깊은 어린이로 성장해간다는 내용이다.

그저 용휘와 지인이의 우정이나 시골마을의 정취를 단순하게 담아낸 것에 그치지 않고 예수님을 모르던 용휘가 어떻게 믿음을 갖게 되었는지도 자세하게 표현되어 있다. 교회에서 예쁘장한 율동선생님 따라 뜻도 모른 채 무작정 따라 부르는 찬송이며 '글 없는 책'에서 금색, 검정색, 빨간색, 초록색으로 이어지면서 복음까지 상세하게 설명되어 있다.

이 책을 읽고 있으면 시냇물을 따라 흘러가면서 이야기를 듣는 듯한 아기자기함, 순박한 정겨움이 가득 배어나온다. 용휘와 헤어질 때 지인이는 돌아가신 어머니가 물려주신 가장 아끼던 빨간 《성경》을 선물로 준다. 교회를 통해 예수님의 이야기를 듣고 교회에서 만난 친구들을 통해 믿음이 성장하고 그 믿음이 성장하도록 이끌어주는 친구들의 우정도 아름답고 줄거리를 이끌어가는 플롯 역시 소박하고 자연스럽다.

도드 A. 스미스

《나를 찾아가요》(성서유니온선교회, 2001)

엉뚱한 생각 속에 늘 파묻혀 지내는 암소 '꿍이'는 그냥 암소로서 살아가는 것을 전부로 여기지 않고 주변을 변화시키고 싶어 한다. 친구들은 꿍이에게 넌 그저 암소일 뿐이라고 말하지만 평범하게 사는 게 싫은 꿍이는 드디어 일을 벌인다. 농장을 몰래 빠져나와 '세상을 변하게 하는 크고 훌륭한 일'을 하려고 원숭이처럼 흉내도 내보고 펭귄이나 사자를 따라가서 훌륭한 무엇인가를 해보려 한다. 그러나 결국 꿍이는 하나님이 만드신 원래의 자신의 모습에 만족한다. 자신의 모습을 바르게 인식하고, 지금 내 모습을, 있는 그대로의 자신을 사랑하는 것, 자기가 누구인지 분명하게 아는 것은 어떤 일을 하기에 앞서 우선되어야 할 것 같다.

로버트 멍어
《어린이를 위한 내 마음 그리스도의 집》(IVP, 1999)

예수님은 말씀하셨어요.

"버드나무가 마음에 드는구나. 아버지와 함께 이 세상을 만들 때 버드나무를 어떻게 만드는 것이 좋을지 생각했던 기억이 나는 구나. 나뭇가지가 바람 부는 대로 춤추고 몸을 구부려서 땅에 입 맞추면 좋겠다고 생각했지."

나는 말했어요.

"바람이 불면 저는 버드나무 가지와 함께 춤을 춰요. 나는 이리저리 껑충껑충 뛰면서 가지들과 어울려 춤을 추었어요. 예수님 도 따라 춤을 추었어요."

1954년 미국에서 발행된 뒤 전 세계적으로 출간된 이 책이 어린이의 수준에 맞게 그림책으로 발간되었다. 예수님을 마음속에 모신 혜인이가 예수님과 함께 뜰을 거닐고 자기 방을 안내해드리고 올챙이를 잡고 함께 공부를 하는 내용인데 예수님을 모신 듯 언제나 가까운 곳에 주님이 계시다는 것이다.

이 그림책의 매력은 가까이 계신 예수님의 모습을 완전히 갖추어 보여주지 않는다는 것이다. 치렁치렁한 버드나무 가지 사이로 살며시 예수님의 옷자락을 보여주거나 뒷모습을 보여주어 함께하시는 예수님의 형체를 신비롭게 처리한다. 현관 거실 부엌 작업실 공부방을 주님께 구경시키듯 우리 마음 구석구석까지도 살피시며 어떤 일이든 어떤 문제든지 어떤 것을 보든지 무엇을 하든지 아주 가까운 곳에 함께하시는 주님을 알게 된다. 내용이 쉬워서 글을 모르는 아이에게는 어머니의 목소리로 이야기처럼 읽어주면 좋겠다.

고학년에게는 예수님을 내 마음에 모신다는 것의 의미와 주님과 함께한다는 의미를 생각하면서 읽으면 좋겠다. 함께 읽으면 좋을 책으로 이 작가의 《거지인가 왕자인가》가 있다. '나와 자리를 바꾸지 않겠느냐. 너의 상한 마음으로 들어가서 너를 통해 나의 삶을 살고 싶구나.' 우리 앞에 계신 왕자님은 하나님의 아들이요 영광의 주님으로 그분 앞에 있는 우리는 거지보다도 못한 존재일 것이다. 그런데도 자리를 바꾸어주고자 하신다. 예수님을 영접한 그리스도인의 모습을 《왕자와 거지》에 비교한 것이 탁월하다. 그리스도인의 정체성을 다시 한 번 생각해본다.

제인 레이 글, 그림
《세상은 이렇게 시작되었단다》(마루벌, 2008)

판형을 시원한 크기로 키운 듬직한 그림책이다. '세상은 이렇게 시작되었단다'로 시작해서 '이렇게 하여 세상이 시작되었단다'로 끝나는 이 책은 아주 오랜 옛날 하나님께서 깊은 물이 땅을 덮고 모양도 없고 어둡고 텅 비어 있던 곳에 세상을 만드신 이야기를 그림과 함께 들려준다.

이 책의 장점은 표현 자체가 시적이며 리듬감 있게 읽힌다는
것이다. 그야말로 하나님의 창조는 시, 장엄한 서사시다. 또한 그
림에 사용한 색깔이 초록빛, 보랏빛, 파랑색을 사용해 신비한 느
낌을 주고 있으며 금박은 고급스러움을 더해준다. 어느 그림 하
나도 그냥 막 그린 흔적이 없어 이 세상을 만드신 하나님의 섬세
한 손길이 진하게 느껴진다. 나무가 흙 속에서 싹을 틔우고 자라
나는 과정, 새털 하나하나, 온갖 씨앗들의 모양, 조개껍데기의 모
양, 동물 가죽의 여러 무늬들 따위를 아주 극도로 세밀하게 표현
하고 있다. 또한 바닷속 물고기를 만드시는 날에는 파도치는 물
결처럼 굽이치게 표현하고 있어서 역동적이고 생생한 그림책의
맛을 더 해준다.

맷 제이콥슨, 리자 제이콥슨 공저, 자레드 리 그림
《나는 어떻게 태어났을까?》 (두란노, 2002)

아이들은 자기가 어떻게 태어났는지 궁금하고 신기해한다.
자기뿐 아니라 살아있는 모든 것들의 시작을 알고 싶어 하는데
이 책이 바로 그런 궁금증에 대한 답을 주기에 좋다. 엄마의 뱃
속에서 수태하기 전부터 시작해서 3주째에 들어서면 사과 씨앗
만한 크기로, 4~5주째는 아기 손톱만한 크기로, 6~7주째에는
2.5cm크기가 된다. 점차 손가락, 발가락이 생기고 심장 박동 소
리가 커지고 뼈와 근육이 자라고 드디어 아홉 달째에는 세상 밖
으로 태어난다. 이 책은 컬러 사진과 그림이 어우러져 아주 실감

나게 생명의 신비와 성장을 설명해준다. 아이들에게 읽어주면서 하나님의 창조를 함께 얘기해주면 좋다.

로버트 먼치 글 안토니 루이스 그림
《언제까지나 너를 사랑해》(북뱅크, 2000)

아이가 태어나고 어린이가 되고 어른이 되는 사이 그 아이를 키운 어머니는 늙는다. 하나님께서 사람에게 주신 시간의 법칙이다. 이 그림책 처음에서는 엄마가 아기를 품에 안고 자장가를 불러준다. '언제까지나 너를 사랑해. 어떤 일이 닥쳐도…' 아기가 집 안을 헤집어놓고 엄마 시계를 변기에 넣는 등 하루 종일 소란을 피워대지만 아이가 잠이 들면 품에 안고 또 사랑의 자장가를 부른다. '너를 언제까지나 사랑해.' 십대 소년이 되어 이상한 옷을 입고 이상한 친구들과 사귀고 이상한 음악을 들어도 다 커버린 아이의 등을 토닥거리면서, 사랑의 자장가를 부른다. '너를 언제까지나 사랑해.' 그 뒤 기운이 없어 노래를 부를 수 없는 엄마에게는 어른이 된 아이가 노래를 부른다. '사랑해요, 어머니. 언제까지나 사랑해요, 어머니. 어떤 일이 닥쳐도 당신은 늘 나의 어머니.' 노래는 여기서 끝나지 않는다. 막 태어난 자기 아이를 안고 '너를 사랑해 언제까지나' 이 노래를 부른다. 사람을 비롯하여 만물은 그대로 있지 않고 변화하고 성장하는데 이런 시간의 흐름과 변화를 아이에게 들려주면 좋겠다.

맥스 루카도 글 토니 고프 그림
《아주 특별한, 너를 위하여》 (고슴도치, 2000)

《언제까지나 너를 사랑해》가 어머니의 사랑이라면 이 책은 밤마다 들려주는 아빠의 사랑이야기다. 첫아이를 낳아 품에 안고 얼굴을 마냥 들여다보던 희열과 설렘. 투명하고 맑은 눈동자를 가진 아기를 보면서 하나님께서 주신 정말 특별한 선물에 끝없는 신비로움과 함께 아이와 보낸 첫 밤, 아이가 꼴깍 침 삼키는 소리, 작은 입술을 쪽쪽 빠는 소리….

책 속의 아빠는 하나님께서 하늘의 별을 만드시고 산과 골짜기를 만드신 그 손으로, 너를 귀하게 만들어주셨고 네가 자라고 또 자라도 변하지 않는 한 가지 사실은 너를 사랑하고 네 편이 되어 준다는 것을 잊지 말라고 당부한다. "잠자다가 무서운 생각이 들고 너무 무섭거든 아빠 엄마를 부르렴. 성적이 나빠 선생님께 꾸중을 들어도 우리는 너를 사랑한단다. 앞으로도…." 우리도 등산할 때 아빠가 손을 잡아주듯 하나님께서도 너를 도와주실 것이라고 아이에게 늘 속삭이자. 너는 하나님께서 보내주신 아주 특별한 선물이라고.

더불어 사는 삶,
장애인과 비장애인의 아름다운 예그리나

순 우리말 신조어에 '사랑하는 우리 사이'라는 뜻을 가진 '예그리나'라는 말이 있다. 서로 이해하려 한다면 함께 머물러 있는 시간이 길어지고 깊어지는 예그리나가 되고 외로운 인생길, 쓸쓸히 울고 가는 인생길에 누군가의 동행이 되어준다면 그것이 비록 작고 소박하더라도 빈 가슴에 켜놓은 등불은 따뜻한 불빛으로 다가올 것이다.

조선시대 정철의 한시 〈도중途中〉에서 인생길 괴롭고 어렵지만 마음 맞아 짝하는 이 있다면 얼굴의 시름이 풀린다고 했듯이, 내가 누군가의 동행이 되어주고 누군가가 나의 동행이 되는 것은 아름다우리라. 함께 더불어 오래도록 머물러있는 시간의 소중함, 주님께서도 우리에게 '임마누엘'로 함께 하시지 않았던가.

흔히 비장애인들은 장애인에게 모든 것을 해주거나 반대로 함부로 대하는데 두 가지 모두 장애인들은 불편해한다. 시각장애인은 안내할 때 팔을 끌어당기거나 잡지 말고 팔꿈치나 팔꿈치의 윗부분을 내어주어서 그 팔을 잡고 걷도록 해주면 좋다고 한다. 계단, 엘리베이터 등 어떤 곳에 접근할 때는 우선 멈춰 서서 환경을 말로 설명해주면 두려움이 사라지며, 몸을 치면서 반가움을 표현할 때는 놀라기 때문에 먼저 목소리로 표현해주면 좋다고 한다. 청각장애인은 수화를 몰라도 입모양을 크게 해서 천천히 말하거나, 글로 충분히 의사소통이 가능하며 못 듣는다고 함부로 반말을 사용하는 일을 삼가야 한다. 들을 수는 없어도 분위기나 표정, 몸짓으로도 분위기를 느끼기 때문이다. 휠체어를 탄 지체장애인은 유심히 바라보는 게 부담스럽고 민망하다고 한다. 어느 발달장애인은 자신이 40세가 넘었는데도 반말로 대하는 것을 힘들어했다. 섬세한 마음만 있으면 장애인과 얼마든지 소통이 가능하며 마음을 전할 수 있다.

장애인을 바라보는 따뜻한 시선의 가슴 찡한 이야기들, 장애인의 삶을 깊이 들여다볼 수 있는 책들을 골랐다. 자녀와 읽으면서 장애인을 깊이 이해하고 나와 같은 하나님의 형상임을 인식하기를 바란다.

이 책들을 읽으면서 (1)나는 내 삶에서 장애를 어떻게 여기고 있나? (2)진정한 행복이란 무엇인가? (3)나는 나를 어떻게 생각하고 있는지를 이야기해보면 좋겠다. 또한 역경을 견뎌내 눈부시게 성공한 사례들을 지나치게 부각시킨 면이 있다. 성공하지 못한 장애인이 도리어 박탈감을 가질 수 있음도 짚어보아야 한다. 장애를 '개성'으로까지 여기고 극복하는 사람도 있지만 그렇지 못한 경우가 더 많기 때문이다. 장애인 관련 서적을 읽으면서 최소한 할 수 있는 일들, 장애인을 더 깊이 이해하고 협력하며 차별하지 않는 것 하나만큼은 실천하면 좋겠다.

고정욱

《괜찮아》(낮은산, 2002)

《네 손가락의 피아니스트》(대교출판, 2009)

《안내견 탄실이》(대교출판, 2010)

《괜찮아》는 혼자 힘으로는 한 걸음도 걸을 수 없는 동구를 평소에 인사만 하고 지내는 영석이가 집까지 데려다주는 이야기이다. 실제로 소아마비 장애를 갖고 있는 작가 본인이 직접 겪은 일을 동화로 풀어냈다. 엄마가 학교에 늦게 데리러 와도, 아이들이 놀려대도, 영석이가 어설프게 업어서 불편해도, 사나운 진돗개를 급히 피하려다가 땅에 나뒹굴어도 괜찮아, 괜찮아 말한다. 이 두 아이는 집을 향하면서 이렇게 계속 괜찮은 일들을 찾아낸다. 우리 삶 속에서 투정을 부리지 않고 감사하면 '괜찮아'라고 말할 것들이 얼마나 많은지 생각하게 한다. 공평하신 하나님께서 주신 것들, 주어진 삶을, 상황을 감사하면서 살아야겠다. 오늘 하나님을 향해 욕심 없이 말씀드린다. "하나님, 저 괜찮아요."

《네 손가락의 피아니스트》에서 희아는 장애를 갖고 태어났지만 부모님의 지극한 정성으로 밝고 명랑하게 자라나 피아노를 배우며 피아니스트를 꿈꾼다. 네 개의 손가락만으로 피아노를 연주하는 희아의 이름이 알려지면서 희아는 장애인이 있는 곳이라면 언제나 달려가 연주를 한다.

《안내견 탄실이》에서 화가의 꿈을 키워나가던 주인공 예나는 갑자기 시력을 잃는다. 어둠과 두려움 속에서 살아가는 예나에게 안내견 탄실이가 눈이 되어주며 새로운 길을 찾아 준다. 고난을 극복하는 의지와 장애인들에 대한 편견을 바로 세워주는 책이다.

손창섭

《장님 강아지》 (우리교육, 2001)

종수는 버려진 눈 먼 강아지를 주워온다. 종수 어머니는 실명 상이용사였다가 돌아가신 아버지 생각을 해 어려운 살림이지만 강아지 기르는 것을 허락한다. 눈 먼 강아지는 여러 가지로 종수의 마음을 아프게 한다. 자신보다 강아지를 더 사랑하는 종수를 통해 어린이의 순수함을 볼 수 있다.

주디스 조지

《안녕하세요 벨 박사님》 (비룡소, 2012)

헬렌 켈러가 신체장애를 극복하는 과정과 헬렌이 절망할 때마다 용기를 준 전화발명가 벨 박사와의 깊은 우정을 보여준다.

J. W. 피터슨 글 D. K. 레이 그림

《내게는 소리를 듣지 못하는 여동생이 있습니다》 (웅진주니어, 2011)

청각 장애를 가진 여동생의 이야기이다. 그 어떤 소리도 듣지 못해 답답하지만 오히려 동생은 작은 풀의 움직임도 보고, 신나게 구르고 뛰는 놀이를 잘한다.

오카 슈조

《우리 누나》 (웅진닷컴, 2002)

다운증후군 누나를 둔 동생이 '우리 누나는 장애인입니다'라고 당당하게 드러내는 이야기다. 장애를 안고 살아가는 사람과 고통을 짊어져야 하는 가족들의 모습이 사실적으로 드러나 있다.

《나는 입으로 걷는다》 (웅진닷컴, 2004)

혼자 힘으로 아무것도 할 수 없는 장애인 다치바나는 침대차에 누워 세상 사람들과의 만남을 기다리는 것을 낙으로 삼는다. 다른 사람들의 고민을 들어주는 등 사회와 소통하는 건강한 자아상을 보여준다.

마가렛 데이비슨 글 자넷 캠페어 그림

《루이 브라이》 (다산기획, 2007)

세 살 때 송곳을 가지고 놀다가 시력을 잃은 루이 브라이는 알파벳 점자를 만들어 시각장애인들의 눈이 되어준다. 시력을 잃은 것뿐만 아니라 삶마저도 포기하려는 시각장애인들에게 희망을 주고자 관심을 갖고 14세라는 어린 나이에 알파벳 점자를 완성한 것이다. 비장애인들은 관심조차 없던 일이었다.

스가야 아쯔오

《레나 마리아》 (토기장이, 2014)

태어날 때부터 두 팔과 한 쪽 다리에 장애를 가졌으나 밝은 마음으로 열심히 살아 전 세계를 다니며 희망을 노래하는 가수 레나

마리아. 어린이에게 용기와 꿈을 심어주는 책으로 많이 읽힌다.

아오키 미치요 글 하마다 케이코 그림

《민수야 힘내》 (한림출판사, 2013)

지체장애로 언제나 누워 있는 민수를 친구들이 나무 위로 데리고 올라가려고 하지만 역부족. 선생님이 민수를 들쳐 업고 나무를 기어올라 민수의 소원을 풀게 된다. 장애인에 대한 선생님과 친구들의 따뜻한 마음을 볼 수 있는 책이다.

길 위에서 인생을 발견하다

서영은

《노란 화살표 방향으로 걸었다》(문학동네, 2010)

이 책의 한 구절 "내 인생이 결코 내 맘대로 되지 않는다는 것을 뻔히 알면서도 내 인생은 나의 것이어야 한다는 딜레마, 우리 삶에 상처를 입힌 사람들을 용서할 수 없는 고통에 시달리면서도 바로 그 순간에도 나는 또한 남에게 잊지 못할 상처를 주고 있다는 딜레마…"를 읽으며 나는 얼마나 전율했던가. 기가 막힌 글솜씨로 냉담한 사람들의 가슴을 따뜻하게 데우고 뜨거운 목마름마저 느끼게 해주었던 작가가 진솔하게 '종교'에 무릎 꿇는 과정을 담아낸 책이다.

이 책에서 작가는 하나님을 만나지 않고서는 그 어떤 것도 모든 것들이 허망하다며 "숨이 간당간당할 때까지 물어뜯는 것이 사랑입니다. 하나님의 사랑은요 하나님의 사랑은 완전히 찢어져야 알 수 있는 것이었습니다. 이것을 이번 순례길에서 알게 되었습니다. 그 사랑을 알고 체험하며 나는 이전과 완전히 달라졌습니다. 그것이 저의 구원이었습니다"라고 고백한다. 길 위에서 자기를 성찰하며 길 위에 서 있는 인생이 진실하다는 것을 보여준다. 산티아고에 이른 서영은의 말이 멋지다.

"거기 있는 것만으로 시원(始原)의 고요와 하나 되는 충만함 비어 있음의 충만함으로 내 영혼이 기뻐 노래하고 있었다. 나는 바로 이것을 만나기 위해 먼 길을 걸어왔다. 산티아고가 끝이 아니라 그것이 오히려 화살표가 되어 내 안으로 열어놓은 길, 거기에 사랑이신 하나님이 계셨다."(375쪽)

이 책을 읽는 내내 행복했고 친구와 여행길에 올라서 함께 걷는 듯, 작가가 아니라 함께 길에 오른 친구가 들려주는 말처럼 들려왔다. 우리 인생이 어쩌면 영혼의 부름을 따라 걷는 모든 순례의 삶이 아닐까. 일상 속에서 각자가 자기만의 노란 화살표를 찾아 걷고 있는 성스러운 삶을 살아가고 있는 것은 아닐까. 노란 화살표를 따라 길을 계속 끝까지 걷다보면 그 길 끝에서 자신을 벗어던진 후 변화된 자신의 진정한 모습, 성숙한 자아를 발견하지 않을까. 2001년에 나온 공지영의 《수도원기행》(김영사)이 연상되는 책이다.

요한 볼프강 폰 괴테
《괴테의 이탈리아기행》(푸른숲, 2004)

신영복 선생의 《감옥으로부터의 사색》을 읽었다. 내가 마치 수인(囚人)처럼 영혼과 정신이 감금되어 있는 듯 목이 조여 온다. 그러던 중 괴테의 《이탈리아 기행》을 읽었다. 자유로움이 나를 감싼다. 신분제도와 종교의 속박에서 서서히 무너져가는 중세가 해체되고 근대로 이행될 무렵에 살았던 그가 중세시대의 유물이 빛나던 이탈리아의 화려한 문화를 작가답게 섬세한 표현으로 이야기하고 있다. 그러나 내가 알고 있는 이탈리아 민중들의 삶이 아주 힘겨웠다는 사실은 그냥 외면한 채 나그네로서의 낭만과 서정적인 여행으로만 기록된 것 같아 아쉽기도 하다.

이 책 705쪽에 '우리 같은 사람들은 하나님이 지정해주신 자리를 지켜야만 한다'는 여인의 고백이 쓸쓸하다. 이탈리아 민중들의 고된 삶이 느껴지는 말이다. 그러나 괴테에겐 이 여행길이 그의 삶과 예술에 충분한 에너지를 공급해준 시간이었다. 괴테가 둘러본 여행지 중에서 특히 로마를 흥분하며 기술해놓은 것이 가장 인상적이다. 로마의 건축물과 온갖 풍경들을 다각적으로 바라보는 시각과 로마와의 사랑에 빠진 작가의 열정이 참 대단하다. 로마에서 영감을 얻고 평생을 살아도 아깝지 않을 만큼의 충분한 에너지를 줄 것처럼 느낀 것 같다.

나도 마치 로마에 있는 듯하다. 바울은 그토록 로마를 보고 싶어 했다. 로마를 동경했다. 바울은 복음을 위해서 로마를 보고 싶어 했는데 그렇다면 괴테에게 로마는 무엇이었을까? 그토록 로마를 보고 싶어 한 이유가 무엇이었을까?

또한 그는 여행하면서도 자신의 관심 분야인 미술과 조각품 감상을 더 잘하기 위해 여행길에서조차 뼈와 근육의 움직임을 자세히 공부했다고 한다. 지친 여행길에서《에그몬트》등 작품을 써내려가는 그의 모습에서 경이로움을 느낀다. 이 책 뒷부분에서

'사육제'의 가장행렬을 묘사해 놓은 것도 멋지다.

다시 읽어도 좋다. 괴테는 로마를 거의 실신상태, 숨 막히게 묘사해놓았는데 나 역시 로마를 미친 듯이 사랑하게 되었다. 바이런이 '베네치아를 보고 죽어라'고 했듯 이 책을 읽으니 로마를 보기 전에는 죽을 수도 없을 것 같다. 로마를 갈망한다. 내 삶이 비록 《감옥으로부터의 사색》에서처럼 영어(囹圄)의 삶, 답답한 현실 가운데 놓여있지만 마음과 영혼만큼은 누구도 무엇도 구속할 수 없다. 자유로운 로마의 공기를 마시고 싶다. 《괴테의 이탈리아 기행》을 머리에 이고서, 가슴에 품고서, 그날이 너무 급하지 않게 천천히 오기를 소망한다. 로마를 보면 고혹적 아름다움에 흠뻑 취해 눈멀고 숨이 멎을 것 같다.(2006년 이 책을 두 번째 읽고 2013년 5월에 나는 드디어 로마를 만났다.)

최영미

《시대의 우울》(창작과비평사, 1997)

유럽의 미술관을 순례한 최영미의 책. 좀 오래된 책이다. 미술을 공부한 시인답게 다른 서적들과는 달리 주관적이어서 유쾌했다. 시적 감수성과 표현의 정겨움에 친밀감이 느껴진다. 마르크 샤갈에 대해서 저자는 군더더기 같은 일반적인 설명은 묻어두고 샤갈의 그림이 밝고 삶의 환희로 가득 차게 된 것은 그리스의 눈부신 태양 때문이란다. 또한 누구나가 위대하다며 극찬하는 로댕의 '발자끄상'은 기대와는 달리 원작을 만났을 때 초라함에 감동을 받지 못했다고 한다. 저자는 감동의 어긋남과 실망스러움을 거침없이 표현한다.

그 실망스러움이, 감동의 어긋남이 있어 미술관 순례를 계속하게 되었다고 한다. 너무 뻔한 감동이나 틀에 박힌 매력은 흥미를 반감시킨다. 새롭고 새로운 마음의 눈으로 보아야겠다. 〈전도서〉에서도 해 아래 새로운 것이 없다 했지만 새롭게 보려면 사물을 낯설게 보는 태도가 필요하겠다. 낯설게 보아야 다시 보면서 제대로 보게 될 것 같다. 선입견도 배제하고.

서 현
《건축, 음악처럼 듣고 미술처럼 보다》(효형출판, 2014)

인문적 건축이야기다. 뒷부분 국립현대미술관 이야기가 경이롭다. 저자는 이 책에서 국립현대미술관을 '멀리 돌아가는 아름다움'이라고 했다. 놀이동산을 지나 어느새 미술관 영역에 도달한 것 같다 싶으면 갑자기 미술관이 보이지 않는데 건물 언저리에 쌓인 축대가 우리의 시선을 차단시킨다고 말한다. 건물 뒤통수를 보고 따라 올라가지만(산을 향해서 입구가 나 있기 때문에) 건물 모퉁이를 우회하고 여유 있게 멀리 돌아가야 만나는 곳이기에 더 신비롭다. 특히 227쪽이 압권이다.

"버스나 지하철에서 내려서 아스라하게 보이던 미술관의 배경은 산이었다. 짙은 녹음과 산의 윤곽은 아기자기한 모습으로 들어앉은 건물의 배경으로 훌륭한 것이다. (중략) 파란 하늘이 건물의 배경이 되는 것이다. 건물을 그려 넣은 화폭으로 푸르디 푸른 하늘만한 게 없다. 같은 건물이라도 하늘을 배경으로 그것도 콕 찌르면 푸른 물이 죽 흘러내릴 것 같은 하늘을 배경으로 서 있으면 훨씬 그럴듯해 보인다. 건축가는 이제 산보다는 하늘이라는 캔버스를 선택한 것이다. 실제로 설계자가 진입로를 우회시킨 데는 태양이 이동함에 따라 건물의 이곳저곳에 변화무쌍하게 그림자가 만들어지기에… "

책읽기를 위한 책을 읽어두자

독서에 대한 책들이 무수히 많다. 서점가에는 인지도 높은 작가들이 엮은 책들이 즐비하다. 《***의 책읽기》라고 하면 책에 대한 자기 나름의 관점으로 읽어낸 것뿐일 텐데 그 책에 대한 절대적인 평가처럼 말해지고 그런 식으로 읽어야만 제대로 읽은 듯한 획일성으로 이끌기까지 한다. 내가 최고로 삼는 책읽기 책은 김현 선생의 《행복한 책읽기》(문학과지성사)이다. 문학평론가다운 폭넓고 깊은 독서력이 바탕이 되어 짧게 쓴 글이라도 깊은 통찰력과 명확함이 돋보인다. 선생은 병상에서도 독서를 즐거워했고 독서일기를 썼다.

이밖에도 《마흔 살의 책읽기》《헤르만 헤세의 독서의 기술》《나는 이런 책을 읽어왔다》《산 책 빌린 책》《디지털 시대의 책 만들기》《베스트셀러 이렇게 만들어졌다》《동서양고전 읽고 쓰고 생각하기》《우리시대의 스테디셀러의 계보》《베스트셀러 죽이기》《어느 게으름뱅이의 책읽기》《창조적 책읽기》《지식을 경영하는 전략적 책읽기》《청춘의 독서》《장정일의 독서일기》《독서의 기술》《책 읽는 방법을 바꾸면 인생이 바뀐다》《책을 읽는 방법》《지식을 넓혀주는 독서법》《장경철 책읽기의 즐거운 혁명》

《책만 읽는 바보》《48분 기적의 독서법》 등이 있다.

제임스 사이어
《어떻게 천천히 읽을 것인가》(이레서원, 2004)

'서두르면 놓친다. 천천히 주의 깊게 읽으라'고 권하는 책이다. 세상에 존재하는 모든 읽을거리들은 인생을 바라보는 방식, 즉 세계관이 담겨 있는데 그것을 분석하고 찾아내기 위해서 천천히 씹어 읽어야 한다. 논픽션을 읽을 때는 단어의 뜻을 정확하게 규정하며 읽을 것, 암시된 내용을 찾아 읽을 것, 글이 어떤 장르에 속하는지 논제(주된 생각)가 무엇인지 발견하며 읽을 것, 글의 논제에서 어떤 증거와 논변들을 근거로 제시하고 있는지 그 증거들이 어떻게 구성되어 있는지 발견할 것 등을 말한다.

시를 읽을 때는 시의 언어구조를 이해하며 읽어야 한다. 전체적인 구조와 수많은 하부구조를 발견하고 웅장한 마천루처럼 여러 요소들(시의 설명적인 내용, 논리, 이미지, 은율)의 통합체임을 인식해야 한다고 말한다. 특별히 나는 맹렬한 피 끌림 '소설의 경우' 어떻게 읽을 것인가가 마음에 와 닿았다

조각과 부분으로 파악하는 이차세계(150쪽)로 소설에서 사건이 어떤 순서에 따라 일어났는지 플롯을 인식하며 읽고 중심인물과 조연급 인물은 누구며 어떤 종류의 사람인지 파악하며 읽는 인물 파악하며 읽기, 어떤 사상을 소개하고 이런 사상 가운데 어떤 것에 행동의 중심을 이루고 있는지, 주제와 관련되어 인물은 어떤 부분을 연기하는지 파악하는 주제 염두하며 읽기를 말한다.

"소설에서 글의 어조, 상징, 암시, 문체를 의식하며 읽어야 하는데 파멜라 맥코덕의 에세이를 인용하여 소설을 읽을 때 세계관을 질문해야 한다고 주장한다. (1) 최고의 실재에 해당하는 개념이 어떻게 그려지고 어떤 개념이 지배적인가 (2) 작품이 그려내고 있는 실재의 본질은 무엇인가, 소설에서 중요한 사건을 지배하는 것이 자연인가, 사람인가, 하나님인가, 사회인가 (3)인간에 대해서는 어떤 관점을 드러내는가, 인간을 중요하게 생각하고 있는가 (4) 죽음에 앞서 사람들에게는 어떤 일이 일어난다고 생각하는가 (5) 도덕적인 문제들은 어떻게 다뤄지고 있는가 (6) 인류 행동의 총체적 패턴이 의미하는 바는 무엇인가, 역사는 목적이 있는가. 예술은 현실을 바꾸지 못하지만 새로운 윤리적 가치관을 탐색하기 위해 산만한 주제들을 볼 때와 똑같이 비평적 통찰력을 가지고 소설을 보아야 한다고 말한다.

크리스천으로 다른 세계관을 가진 책들을 볼 경우 세속적인 지식이 우매하다며 거부할 것이 아니라 하나님의 진리 외에는 진리가 없음을 알지만 올바르다면 무엇인가를 배우기를 두려워해서는 안 된다. 진리처럼 위장한 오류는 심각한 문제지만 그러나 다른 세계관과 접해서 논제를 분석하는 법을 배우지 못한다면 오류를 인식하는 법을 결단코 배울 수 없다. 이를 위해 선행되어야 할 최고의 방어책이 《성경》 공부, 즉 진리에 대한 지식이다. 성경적 세계관의 원리가 드러나면 책을 읽으면서 접하는 모든 세계관들을 평가할 수 있는 기준세계관에 익숙해질 것이다."(204~207쪽 발췌 정리)

더 큰 맥락을 읽을 때는 기독교인으로서 다른 세계관과 접할 때 논제를 분석하는 법을 배워야 한다. 심오한 작품을 접했다면 몇 년을 갈만한 '생각의 양식'을 장만한 셈이라는 말은 참 공감이 간다. 이 책에서 말하는 '무엇을 읽을 것인가' 분별하는 방법도 흥미롭다. 책 읽을 시간을 확보하고 목적을 갖고 읽어라. 관점을 갖기 위한 독서를 하라. 구체적인 독서목록이나 지침서를 참고해 좋은 책을 고르라. 요즘 독서가들은 어떤 책을 좋아하는지 보여주는 베스트셀러를 읽고 서평을 이용할 것을 권한다. 이 책의 236쪽 "위대한 책은 사람과 땅, 사상과 태도, 풍부함과 생명력으로 충만하다. 천천히 주의 깊게 상상력을 동원해서 그리고 만사 하나님의 영광을 위해서 마음껏 읽으라"는 이 말은 참 고맙다. 크리스천 독서의 이유와 목적을 말해주는 부분이다.

강준민

《독서와 영적 성숙》(두란노, 2011)

그리스도인에게 영적 독서가 필요한 이유는《성경》이나 경건서적을 읽음으로써 깨달은 진리가 우리의 생각을 결정하기 때문인데, 바로 그 생각은 언어를 결정하고, 행동을 결정하고, 습관을 결정하고, 그 습관은 우리의 인격이 되고 존재가 되어서 우리의 삶 전체에 영향력을 끼치기 때문(17쪽)이라고 말한다. 저자는 영적 독서의 모범으로 예수님을 손꼽았고(눅 4:16) 그 밖에 영적 독서를 위한 구체적인 방법, 영적 독서를 위한 고전 읽기, 영적 독서를 통해 누리는 영적 축복 등에 대해 다루고 있다.

장정일

《생각》 (행복한 책읽기, 2005)

장정일이 쓴 여섯 권의 《장정일의 독서일기》나 단상들을 엮은 《공부》《장정일, 화두 혹은 코드》는 공감이 가는 내용들이 많다. 독서의 폭과 깊이, 자기 나름의 관점을 갖고 책을 읽어내는 게 보통이 아니다. 작가적 권위를 휘두르지 않는 열린 사고, 편안한 문체에 정감이 갔다. 현학적인 표현, 거추장스러운 비평적 겉멋을 부리지 않는다. 저자는 자기가 쓴 작품이 상을 받거나 '꼭 읽어야 할 시' 같은 작품 등으로 선정되면 괜히 나서서 자신의 시를 빼달라고 편지를 쓰기도 한다. 멋지다.

《생각》에는 '표절'에 대한 정의가 새롭다. 표절이란 '시와 삶이 겉도는 것이다'. 모순된 삶이지만 시와 삶이 하나로 통합되는 것이야말로 베끼는 게 아니며, 표절된 삶이 아니라고 한다.

나도 그런 적이 있었다. 대학시절 문학을 공부한다는 내가 문학이지 않은 것, 문학 자체가 되지 못하는 것에 번민했다. 장정일 식으로 얘기한다면 표절의 삶, 내가 문학이 아닌 삶에서 혐오를 느낀 것이다. 왜 내겐 문학 밖에서 문학을 관조하며 비평하려는 의식은 있으면서 내 자체가 문학이 되질 못할까? 그래서인지 장정일의 생각에 공감이 간다. '삶과 문학의 불일치'가 바로 표절. 지금도 내 삶은 그때처럼 언제나 겉돈다는 생각을 지울 수 없다. 신앙도 그러한 것 같다. 관조하듯 멀찌감치 바라보는 것이 아니라 그 합일이 진정한 신앙이어야 하지 않을까. 신앙서적을 읽든 일반서적을 읽든 그 모든 것들은 표절이 아닌 진정한 합일을 가져야 한다는 것, 장정일이 내게 크리스천의 독서 방식에 대한 소중한 생각을 하게 한다.

《장정일 화두, 혹은 코드》(행복한 책읽기)도 함께 읽었다. 뒷부분에 강금실 변호사가 쓴 '장정일을 위한 변명'이 수록되어 있다. 장정일 소설에 대해 '예술이냐, 외설이냐' 이분법적인 명제가 세인들의 주목을 받을 때 강금실 변호사가 담당했었다. 강금실의 아름다운 글을 읽으면서 나도 장정일을 변호하고 싶었다. 문학이 언제나 공적 영역은 아니기 때문이다. 사사로울 수도 있기 때문이다. 그 사사로움을 짓밟고 뭉개버리는 현실이 안타까웠다. 누군가의 마음의 성역에 누가 감히 거친 돌을 던질 수 있을까. 《주홍글씨》에서 헤스터의 마음을 짓밟았던 포악한 칠링워스 같은 잔인한 사회를 우리가 살고 있다. 사람들의 호기심이 역겹다. 강 변호사의 글을 읽고 진홍보다 더 붉은 내 죄를 용서하시고 덮어주시고 변호해주시는 주님의 은혜를 헤아려본다.

김기현
《공격적 책읽기》 (SFC, 2004)

개인적인 평가지만 우리나라 기독교서적 중 크리스천의 독서에 대한 서적 중 최고의 책이라 생각한다. 많은 기독교 독서론들이 목회자들에 의해 저작된 것들로 어렵고 흥미를 반감시킬 만큼 현학적인 경우가 많다. 신학적 관점을 모르는 평신도가 접하기에는 어렵기까지 하다. 그런데 이 책은 목회자에 의해 저술되었지만 착하다. 여러 책들을 비교하며 분석하고 있는데 책에 대한 관점이 탁월하고 해설이 쉽다. '공격적 책읽기'를 위해서 지식의 오류를 지적하고 논리의 결함을 파악할 것, 다른 시각을 갖고 비판할 것, 판단은 유보할 것 등을 제시한다. 저자는 초베스트셀러인 윌킨스의 《야베스의 기도》가 너무 이기적인 기도, 그러니까 기도 속에 이웃이 거론되지 않은 이기적인 기도라고 비판한다. 공감이 간다. 책을 팔지 못해 안달이 난 출판사나 서평가들의 칭찬 일색인 《야베스의 기도》를 유일하게 비판한 이 책이 자랑스럽다.

서른셋 나이에 《성경》과 사랑에 빠지다

"33세의 아침이다. 눈을 뜨면 아무래도 나의 방은 해골산이라 불리는 골고다 언덕으로 통하고 숙명처럼 차가운 바람이 불고 그리고 여기저기 텅 빈 하늘을 울리는 못박는 소리가 들린다. 33세의 아침이다. 예수는 33세에 죽었다."

태양의 극점에서 불꽃처럼 시어를 연소시키는 불의 여인 김승희의 자전적 수필집 《33세의 팡세》(문학사상사)는 이렇게 시작한다. 이 책을 스물여섯 살에 읽었는데 자신의 삶에 뜨거운 애정과 광기와 오만을 갖고 사는 이 시인을 부러워했다. 그러면서 나는 나의 서른세 살을 기다렸다. 굳이 이 책이 아니더라도 어렸을 적부터 예수님의 이야기를 들으면서 예수님께서 성전에 올라가신 12세, 공생애를 시작하신 30세, 십자가에 죽으신 33세가 왠지 특별해보였다.

12세는 초등학교 5학년이었으니 지나쳐버렸고 30세도 그러했다. 특별해야 하는 33세를 맞이했다. 하지만 새로 구입한 수첩엔 작년과 똑같이 지키지도 못할 《성경》 1회 통독하기 계획. 일년에 《성경》 한 번 읽기가 만만해 보이는 계획이지만 너무나도 만만해서인지 슬쩍 넘어갔다. 〈시편〉〈잠언〉〈전도서〉까지 읽고 〈이사야〉에서 좌절하고 올해가 끝날 때까지 《신약》이라도 읽어야겠다고 마음 먹지만 〈고린도전서〉에서 헤매다 좌절한다. 약속과 계획이 무산될 때는 나름의 극약 처방을 내린다. 불가능한 계획을 세우는 것이다. 올해엔 《성경》을 다섯 번 읽으리라 계획을 수정했다. 나 자신에게 약이 바짝 올랐다. 적어도 두 달 반 안에 한 번은 읽어야 한다. 올해의 또 다른 중요한 계획 중 하나는 200권 독서도 포함되어 있었다. 걱정이 태산이다. 괜히 올무를 만들었나?

일단은 《성경》을 하루 종일 펴두고 1분이 되었든 두세 시간이 되었든 틈 내서 《성경》을 읽어보자 결심했다. 아침에 일어나자마자 책상머리에 앉아서 혹은 지하철 안에서 계속 읽어댔다. 읽고 보자. 역시나 〈시편〉〈잠언〉〈전도서〉까지는 잘 왔는데 드디어 징크스 〈이사야〉의 벽 앞에서 좌절하려는 순간, 작년처럼 또 좌절할 것인가? 〈이사야〉의 강을 어떻게 건널까 고민하다가 내 나름의 처방전을 사용했다. 다 알지 못해도 깨달아 알기보다 일단 1차적으로 텍스트 자체를 읽어내는 것에만 충실하자.

반복되는 어휘를 찾고 반복된 어휘 속에서 주제를 찾아내자는 것. 〈이사야〉를 읽으면서 심판, 구원, 거룩, 이런 말들이 많이 나온다는 것을 알게 되어 표시해가면서 정신없이 읽어 내려갔다. 새벽 4시가 가까워왔다.

그날 처음으로 〈이사야〉의 강을 건넜다. 가슴 벅찬 눈물을 흘렸다. 무사히 〈이사야〉를 끝냈다는 것과 함께 〈이사야〉 말씀 속에 깃들어 있는 하나님께서 사랑하시는 거룩한 그루터기를 구원하시기 위해 얼마나 간절한 마음으로 계획을 세우시고 뜨겁게 사랑하시는가, 그 사랑을 알게 되었고 하나님의 짝사랑, 상사병 걸리신 하나님의 사랑을 알게 되면서 눈물이 쏟아졌다. 〈예레미야〉 〈에스겔〉의 어려운 고지도 그렇게 이겨냈다. 그동안 가장 읽기 힘들어한 대예언서를 그렇게 읽고 나니 얼마나 시원한지, 밀리고 밀린 묵은 숙제를 마친 듯 마음이 홀가분해졌다. 전에는 비참한 내 현실과 너무 비슷한 〈욥기〉나 〈시편〉의 시를 읽으면서 많이 울었는데 〈이사야〉를 읽으니 죄인인 나를 사랑하시는 하나님의 강렬한 사랑 앞에 무릎을 꿇었다. 또한 청년시절에는 〈잠언〉이 고리타분한 말씀이라고만 여겼는데 은유와 상징, 진리가 가득 담긴 보물창고라는 것을 알았다.

후안 카를로스 오르티즈 《제자입니까》(두란노)에서 《성경》에 밑줄을 긋는 것을 '내가 복음서'라 했다. 흔히들 "수고하고 무거운 짐 진 자들아, 다 내게로 오라 내가 너희를 쉬게 하리라"(마 11:28) 말씀은 좋아서 밑줄을 긋지만 '내 멍에를 메라'는 말은 달갑지 않아 그냥 둔다는 것. 내 입맛에 맞는 말씀에만 밑줄을 긋고 은혜를 받는다는 말이 맞다. 하지만 난 죽어라 《성경》에 밑줄 긋는다. 즐겁게 읽을 수 있기 때문이다.

요즘 서점가의 베스트셀러로 유홍준의 《나의 문화유산 답사기》 카피가 유명하다. '아는 만큼 보인다'는 카피로 베스트셀러가 되다보니 이 카피를 따서 책 제목도 비슷하게 정하는 추세다. 《악기를 알면 음악이 들린다》《맛을 알면 맛있다》 등등 안다는 것의 중요성을 강조했다. 사실 호세아 선지자가 '안다'는 것을 강조한 원조일 듯싶다. 여호와를 힘써 알자고 했으니… 올해가 아직 두 달 남았다. 《성경》을 네 번 읽었다. 두 달 동안 한 번을 완독해야 한다.

서른셋에 십자가를 지신 예수님을 생각하면서 벼르고 벼른 나의 서른세 살. 뭔가 특별해야 할 것 같고 무언가 이루어져 있거나 뭔가를 이루는 중이거나 해야 할 나이라 여겼던 서른세 살. 그래서 세운 다섯 번의 《성경》 통독. 이런 노력이 하나님을 사랑하는 데 한 발걸음이 될 것이라 믿는다. 《성경》 통독에 맛을 들인지 10개월이 되면서 달라진 것도 많다.

예전엔 말씀을 읽다가 덮으면 기억나거나 떠오른 것이 없어 불평했다. 요즘은 말씀을 읽으면 전에 그냥 넘어갔던 말씀조차도 톡톡 튀어나오고, 길가다가도 기억나고, 사랑에 빠진 사람처럼 자꾸만 머릿속에 말씀이 맴돌고 아른거린다. 아직도 모르고 더듬거리며 읽는 말씀이지만 오히려 그게 감사하다.

텔레비전 드라마 보듯, 연애소설 읽듯, 단칼에 알게 되지 않고 끊임없이 모르는 말씀들이 남아 있기에 더 알고 싶어지고, 읽고 싶어지고, 궁금해지고, 사모하게 되고, 달려가고 싶어진다. 언젠가는 깨달아지겠지 하며 기다릴 줄도 알게 되고, 그러다가 간혹 깨닫는 말씀을 건져 올렸을 때의 기쁨은 갑절이 된다.

말씀 읽을 시간, 독서할 시간이 없다는 것은 틀린 말이다. 책 읽기, 특히 말씀 읽기는 극기의 문제인 것 같다. 환경은 내게 말씀 읽을 시간을 허락해주진 않지만 밤늦게까지 혹은 새벽에 졸음을 물리치려 찬물에 머리를 감으며 잠을 깨고 말씀 읽을 시간을 마련한다. 하나님의 가슴팍을 부비며 말씀에 빠져드는 이 시간이 감사하다.

나를 사랑하는 자들이 나의 사랑을 입으며 나를 간절히 찾는 자가 나를 만날 것이다.(잠 8:17)

나는 《성경》을 이렇게 읽었다
40일간 《성경》 완독을 위한 제안 40가지

제1일 〈창세기〉 1장~30장
말씀 이해가 안 되어도 그냥 전진하기

40일 동안 《성경》 1189장을 읽으려면 하루 평균 30~40장씩을 읽어야 한다. 그러기 위해서 가장 중요한 것은 의미를 깨닫고 묵상하는 것에 초점을 두지 말고 하루 분량을 성실하게 먼저 읽는 것이다. 밀리지만 않으면 된다.

제2일 〈창세기〉 31장~50장 〈출애굽기〉 1장~10장
그날의 목표를 먼저 읽어나가기

어제 읽어야 했던 분량을 다 읽지 못했다 해서 〈창세기〉 1장을 시작하면 안 된다. 어제 읽지 못한 것은 과감히 건너뛰고 오늘 것부터 읽는다. 그래야 가벼운 맘으로 목표에 이르게 된다. 오늘 것을 먼저 읽고 나서 어제 것을 읽는다. 밀린 것은 틈틈이 시간을 내서 읽도록 한다. 40일 동안 그날 것을 있는 힘껏 읽으면 된다. 말씀이 이해가 안 되어도 그냥 전진한다.

제3일 〈출애굽기〉 11장~40장

자기만의 기억법 만들기

〈민수기〉의 경우 인구수가 나오면 한 번 적어보자. 르우벤 46,500, 시므온 59,300, 갓 45,600…, 이렇게 적은 뒤에 〈민수기〉 26장 읽을 때 두 번째 인구조사를 해 두 숫자를 비교해본다. 그러면 얼마큼 인구가 늘었고 줄었는지를 쉽게 파악할 수 있다. 인구조사는 광야에서 왜 필요했을까? 국가에서 하는 인구조사는 정책에 반영하기 위한 것이듯 광야에서 인구조사는 가나안에 이르기까지 전쟁을 해야 했기 때문에 병력을 정비하는 차원에서 필요했던 것이다. 《성경》 읽을 때 정리가 안 되면 나름대로 메모해보거나 그림을 그려보는 것도 좋다. 〈민수기〉 1장 20절부터 전쟁에 나갈 수 있는 사람의 수를 헤아릴 때 12지파 순서대로 세지 않고 진별로 헤아렸다는 것도 발견할 수 있다.

제4일 〈레위기〉1장~27장, 〈민수기〉1장~6장

자기만의 말씀 사연 만들어가기

〈레위기〉에 얽힌 스토리가 있다. 〈레위기〉를 읽을 무렵 큰아이가 여섯 살이었는데 수두에 걸렸다. 연고를 발라줄 때마다 물집의 숫자가 늘어났다. 처음엔 물집이 몇 개 안 되어서 헤아릴 수 있었는데 온몸에 점점 퍼져가자 셀 수가 없었다. 아이가 긁어서 흔적이 남을까봐 걱정하면서 하루에 몇 번씩 연고를 발라줄 때마다 가슴이 아파 내가 울었다. 당시 〈레위기〉 13장 피부병에 대한 말씀을 읽으면서 또 울었다. 〈레위기〉 읽으면서 눈물을 흘리는 것은 왠지 어울리지 않는 것 같지만 하나님께서 사람의 피부병, 뾰루지, 환부가 피부보다 우묵한지 아닌지 피부병이 다 나아서 생살이 생겼는지까지 신경을 쓰시는 세심하고도 치밀한 사랑에 감격하며 울었다. 사람의 상처에 관심을 두신 하나님. 〈레위기〉는 그때부터 사랑스런 책이 되었다. 읽기 싫었던 〈레위기〉와 나만의 스토리가 생기니 〈레위기〉 읽는 것이 즐거운 일이 되었다.

제5일 〈민수기〉 7장~36장
《성경》통독을 돕는 서적 적극 활용하기

《성경》통독을 즐겁게 하려면《성경》통독을 돕는 책들을 적극적으로 활용하면 좋다. 이 분야에는 좋은 책들이 많은데《성경》과 병행했을 때 본문 이해에 큰 도움이 되어 속도감을 갖고 읽게 되었다. 말씀을 읽는데 도움 받을 수 있는 책들이 이렇게 많으니 정말 좋은 시대를 살고 있다.

(1)폴 N. 벤웨어《모든이를 위한 구약성경개론》(요단출판사) (2)폴 N. 벤웨어《모든이를 위한 신약성경개론》(요단출판사) (3)테리 홀《성경 파노라마》(규장) (4)이쿠다 사토시《하룻밤에 읽는 성서》(랜덤하우스코리아) (5)이누카이 미치코《성서기행2-구약과 신약 사이》(한길사) (6)조병호《성경통독 이렇게 하라》(땅에 쓰신 글씨) (7)테리 홀《성경 익스프레스》(규장) (8)이누카이 미치코《성서기행 1 구약편》(한길사) (9)문봉주《문봉주 대사의 성경의 맥을 잡아라》(두란노) (10)닉 페이지《바이블 맵》(포이에마) (11)이애실《어? 성경이 읽어지네》(성경방) (12)노우호《성경통독집》(하나) (13)김동준

《예수를 읽다》(두란노) (14) 데이빗 A. 돌시 《구약의 문학적 구조: 창세기-말라기 주석》(크리스천) (15) 필립 얀시 《필립 얀시와 함께 하는 맥잡는 성경읽기》(진흥) (16) 존 팀머 《성경 흐름을 잡아라》 (홍성사)

제6일 〈신명기〉 1장~34장
사전을 참고하면서 말씀 읽기

《기독교사전》(기독교문사)을 이용해보자. 《성경》에 같은 이름이 나오거나 지명과 어려운 말을 정확하게 이해할 때 유용하다. 예를 들어 다말은 〈창세기〉에 나오는 유다의 며느리인데 〈사무엘하〉에서도 나온다. 다윗의 딸이자 압살롬의 누이인 다말. 그리고 압살롬의 딸 이름이기도 한데 〈사무엘하〉 13장과 14장에 나오는 두 명의 다말은 동명이인이다. 〈창세기〉의 다말과 〈사무엘하〉의 다말은 시대가 멀리 떨어져 있으니 다른 사람이라는 게 구별되지만 다윗의 딸이면서 압살롬의 딸인 다말은 헷갈린다. 사전을 찾아보면 쉽게 알 수 있는데 다윗의 딸이면서 압살롬의 누이인 다말은 〈사무엘하〉 13장에 나오고, 〈사무엘하〉 14장에는 압살롬의 딸이라는 것을 구별할 수 있다.

제7일 〈여호수아〉1장~24장, 〈사사기〉1장~9장
설교 말씀 귀기울이기

대체로 설교 서두 부분에서 본문의 배경이나 원어 설명을 한다. 그 내용만 잘 듣고 기억하고 이해해도 그것이 쌓이면 엄청난 정보가 되어 말씀을 좀 더 쉽게 읽을 수 있다. 시간이 많이 걸리긴 하지만 《성경》에 간단히 기록해두자. 통독을 잘하기 위한 가장 정확하고 신뢰감 있는 정보이면서 설교에만 집중하면 되니까 가장 쉬운 방법일 수도 있다. 몇 년 전 우리 교회에서 있던 네 이레 가을 특별 새벽기도회 주제 '우리 발로 약속의 땅을 밟게 하소서' 생각이 났다. 그때 본문이 〈여호수아〉였는데 매일 한 장씩 말씀을 들었다. 알다시피 〈여호수아〉는 앞부분은 재미있지만 땅 분배 부분에서는 지루하다. 땅이름만 나오고 도대체 어려웠는데 4주 동안 〈여호수아〉 말씀을 들으니 윤곽이 그려졌다. 여호수아는 가나안을 정복했지만 나는 그때 〈여호수아〉를 정복한 셈이다. 설교말씀만 잘 들어도 말씀 묵상과 통독에 유익하니 예배에 집중해서 은혜 받아 좋고 홀로 말씀을 읽을 때도 좋아 일거양득이다.

제8일 〈사사기〉10장~21장, 〈사무엘상〉1장~16장
지도 보며 말씀 읽기

〈여호수아〉는 지명이 많이 나오는데 지도를 보면서 읽으면 보다 쉽게 이해할 수 있다. 이스라엘은 여리고를 함락시킨 뒤 여리고의 평원과 여울과 도로를 장악해 작전상 요충지로 삼았다. 그 다음 벧엘, 기브온, 벧호른 상부지역을 장악함으로써 팔레스타인 북서쪽 산지의 중앙부를 내려다볼 수 있었다. 따라서 이스라엘은 남쪽과 북쪽의 여러 전투에서 도시들의 연합 세력을 쳐부술 수 있었다. 가나안 정복 때 두 번째 공격은 역시 그 여세를 몰아 서쪽으로 진출해 아얄론 골짜기에서 승리, 이후 가나안 땅 중앙부

를 차지한 뒤 남쪽 전쟁에서 승리하고 북부를 공격한다. 지도를 보면 보다 입체적으로 알 수 있다. 〈여호수아〉 외에 사울을 피해 다닌 다윗의 도피 여정이라든지, 출애굽의 여정도 지도가 유용하다. 또한 고대의 지도와 함께 현대의 지도와 비교해보면서 어떻게 다른지 알아보는 것도 좋다.

제9일 〈사무엘상〉17장~31장 〈사무엘하〉1장~12장
자기만의 방법 찾아내기-(예)가장 힘들어하는 부분부터 읽기

《성경》 통독은 사실 넘기 쉬운 산은 아니다. 누구나가 그렇듯 새해에 언제나 기대감을 갖고 말씀 통독을 시도한다. 예전에 나는 〈창세기〉부터 〈아가서〉까지는 그런대로 잘 읽는데 〈이사야〉에서 그만 좌절하기를 여러번 했다. 〈이사야〉의 거대한 강물에 두려움과 좌절. 그러다가 《신약》으로 눈을 돌려 〈마태복음〉부터 시작하지만 역시 〈고린도전서〉부터 다시 좌절. 힘겹게 노력했는데도 목표를 이루지 못한 적이 많았다. 완독의 고지가 바로 저긴데 하며 다시 몇 번 시도하다가 그만 좌절했다. 그러던 중 완독하지 못하고 좌절의 이유가 되었던 〈이사야〉의 강을 건너는 방법을 찾아냈다. 시험 공부할 때 시간이 가장 많이 걸리고 범위가 많은 과목을 먼저 공부해야 하는 것처럼 건너기 힘든 〈이사야〉를 먼저 읽는 것.

그래서 한 2년 정도는 통독을 할 때 〈이사야〉부터 〈말라기〉까지를 먼저 읽고 맨 앞으로 돌아와 〈창세기〉부터 〈아가서〉까지 읽었다. 그러니 〈이사야〉에 대한 거부감도 없어지고 도리어 지금은

〈이사야〉를 읽을 때 가장 은혜를 많이 받는 책이 되었다. 처음 〈이사야〉를 읽던 날 새벽 4시까지 씨름을 했다. 〈이사야〉에 담긴 하나님의 사랑과 세심한 은혜에 울어버렸던 기억이 지금도 생생하다. 자기에게 맞는 자기 나름의 방법을 찾는 것도 통독에 유익하리라.

제10일 〈사무엘하〉13장~24장 〈열왕기상〉1장~11장
《표준새번역》등 다른 번역과 비교하며 말씀 읽기

다른 번역을 비교해가면서 읽는 것도 말씀을 행복하게 읽는 한 방법. 나는 《표준새번역》과 《현대인의 성경》《우리말성경》《메시지성경》을 활용한다. 《표준새번역》은 나를 황홀하게 할 만큼 말씀에 푹 빠지게 한 책이었다. 《표준새번역》은 시가서와 예언서 부분에서 더욱 광채가 난다. 시 운율이 저절로 느껴지는 번역이다. 표현도 진솔하고 현실감 있어서 이해하기 쉽다.

《표준새번역》을 읽다가 깔깔거리며 웃던 적도 있었다. 〈이사야〉 3장 16절을 개역 개정판에서는 '여호와께서 또 말씀하시되 시온의 딸들이 교만하여 늘인 목, 정을 통하는 눈으로 다니며 아기작거려 걸으며 발로는 쟁쟁한 소리를 낸다 하시도다.' 《표준새번역》에서는 '주께서 말씀하신다. 시온의 딸들이 교만하여 목을 길게 빼고 다니며, 호리는 눈짓을 하고 다니며, 꼬리를 치고 걸으며, 발목에서 잘랑잘랑 소리를 내는구나.' 번역을 비교해가며 읽으면 시간은 비록 많이 걸리지만 말씀에 푹 빠지는 방법 중의 하나다. 청년 시절 관주를 찾아 말씀을 읽다보니 꼬리에 꼬리

를 물어 밤을 지새울 뻔했던 적도 있었다. 요즘은 말씀을 어렵지 않게 읽을 수 있도록 좋은 책들도 많이 있으니 참 행복한 시대인 것 같다.

제11일 〈열왕기상〉12장~22장 〈열왕기하〉1장~8장
연대표 만들어보기

《성경》에서 가장 재미있고 어렵지 않게 읽을 수 있는 부분이 〈열왕기상〉〈열왕기하〉이다. 인물과 사건 중심으로 이야기가 전개되기 때문에 역사책을 읽듯이 역사드라마 보듯이 읽으면 된다. 하지만 복잡하다. 〈열왕기상〉〈열왕기하〉가 복잡하게 느껴지는 이유는 두 가지 때문인데 해결방법을 찾아보았다.

(1) 남유다 왕조와 북이스라엘 왕조 이야기가 평면적으로 전개되기 때문이다. 내 나름의 연대표를 만들어보니 입체적으로 파악되고 한눈에 들어온다.

(2) 〈열왕기상〉〈열왕기하〉가 복잡하게 느껴지는 또 하나의 이유는 북이스라엘 7대왕 아합 이후 남과 북이 우호적인 관계, 동맹관계로 발전하다보니 정략결혼과 혈연관계로 엉켜서일 것이다. 예를 들면 유다의 6대 왕 아하시아는 아버지 여호람과 어머니 아달랴(북이스라엘 아합의 딸)의 아들로 북이스라엘 아합왕에게는 외손자이고 그와 동시대에 통치한 북이스라엘 왕 여호람과는 외삼촌과 조카 사이다. 남유다의 아하시아와 북이스라엘의 여호람이 동맹관계를 맺고(외척관계이다보니 동맹이 자연스러웠을 것이다) 아람왕 하사엘이 쳐들어와 길르앗 라못에서 전쟁을 하는데

북이스라엘 왕 여호람이 부상을 당하자 외삼촌인 여호람을 병문
안 갔다가 므깃도에서 여호람과 함께 예후에게 살해당한다. 연대
표를 한번 만들어 정리하면 내용 정리가 수월해진다.

제12일 〈열왕기하〉 9장~25장 〈역대상〉 1장~9장
족보를 보면서 말씀 읽기

족보는 말할 수 없는 매력이 있다. 흘러내려온 궤적을 통해서
지금의 '나'를 알 수 있기 때문이다. 중학교 2학년 한문시간에 친
척 관계 호칭과 가계도와 족보를 배운 적이 있다. 나를 중심으로
부모와 형제, 자매, 아버지의 형제 관계를 배웠다. 한문시간에 배
운 것처럼 〈창세기〉를 읽으며 족보를 그려보기도 했다. 그때부터
《성경》에 나오는 모든 족보들을 보기 쉽게 정리하고 싶은 마음이
굴뚝같았지만 몇 번 시도해보다 지식이 짧아 그만두었다. 그러다
몇 해 전 우연히 기독교서점에서 예수 그리스도의 족보를 발견했
다. 전지 크기의 족보. 아담 하와부터 예수님까지, 내 마음의 갑
갑함을 해소해줄 족보! 답안지가 내 손안에 들어오던 날 족보 두
장을 둘둘 말아 안고 감동이 사라질까봐 40분을 걸어 집에 왔다.
세상의 어느 누구도 부럽지 않은 한 장에 5천 원짜리 족보. 족보
한 장은 벽에 붙이고 또 한 장은 열 조각으로 잘라서 축소 복사해
노트에 붙여 말씀 읽을 때마다 참고하면서 읽으니 족보가 나오는
본문에서 더 즐겁게 읽을 수 있었다. 한동안 이 족보에 빠져있었
다. '족보와 사랑에 빠진 여자' 라는 별명을 지었다.

〈역대상〉의 족보는 〈창세기〉부터 〈열왕기하〉까지의 모든 역

사 속의 인물들이다. 어마어마한 이 작업을 한 누군가의 수고로 내 손에 들어오다니, 벽에 붙여 놓고 틈틈이 보고 있다. 족보는 그저 사람 이름의 나열이 아니다. 족보는 단지 과거의 흐름을 알려주는 것으로 끝나는 것이 아니다. 현재의 '나'가 미래에 믿음의 가업을 잇기 위해 어떤 삶을 살 것인지 믿음을 고민하게 하는 장치다. 반대로 불신앙의 길을 걸은 족보(가계도)를 보면서는 죄악의 후예가 아닌 믿음의 선조들의 행적을 본받아야겠다는 결심도 하게 하는 유익함이 있다. 오늘도 족보를 보면서 생각한다. 나는 어떤 믿음의 가업을 이을 것인지 두렵고 떨리고 설렌다.

제13일 〈역대상〉10장~29장 〈역대하〉1장~9장
《성경》을 항상 펴놓고 살기 - 말씀 읽기 위해 자투리 시간까지 모두 흡수한다

30대 초반에는 연년생 아이들 키우느라 늘 바쁘고 지쳐 시간을 따로 내서 말씀 읽기가 어려웠다. 그래서 책상이나 주방 한쪽에 《성경》을 펴두고는 자투리 시간을 활용해서 5분이건 한 시간이건 기회가 되는 대로 읽어갔다. 틈새 시간을 적극 활용해 짧은 시간이나마 말씀 읽는 시간으로 활용하다보니 더 말씀이 간절해지고 보고 싶어졌다. 잠깐 잠깐의 시간이지만 신경 써서 말씀 읽는 일에 집중을 하니 하루 온종일 말씀으로 마음이 향하는 것 같았다. 말씀 읽는 시간을 하루시간 중 따로 구별해놓는 것도 좋은 방법이다. 만약에 두세 시간 조용히 읽을 시간이 안 된다면 국 끓이는 시간, 밥 뜸 들이는 시간, 빨래를 삶으면서 지켜보고 있는

시간, 아이 낮잠 자는 시간, 아이가 양치하는 시간, 자장면이 배
달되어 오는 시간, 아이를 재우는 시간 등등… 금쪽같은 작은 시
간들이 모이면 엄청난 시간이 된다. 말씀 읽는 경건한 시간을 마
땅히 마련해야겠지만 정 힘들다면 짧은 시간이라도 아주 집중해
서 읽자.

제14일 〈역대하〉10장~36장 〈에스라〉1장~10장
분철한 《성경》을 만들어 갖고 다니며 읽기 – 말씀 읽기라면 집 밖
에서 보내는 자투리 시간도 아끼자

집 밖에서도 자투리 시간을 아끼며 《성경》을 읽어보자. 나는
30대엔 손바닥 크기의 《성경》을 가방에 넣고 다니며 버스나 지하
철을 기다리면서, 지하철 안에서, 영화 상영을 기다리면서, 가족
과 여행하는 길 차안에서도 읽었다. 그런데 손바닥만 한 작은 《성
경》은 휴대하기엔 좋지만 글씨가 작아 눈이 쉽게 피로해져 몇 년
전부터는 《성경》 한 권을 아예 분철해 한 개씩 갖고 다닌다. 낡아
버린 《성경》을 과감히 분철했더니 여덟 개의 묶음으로 나누어진
다. 처음엔 《성경》을 칼로 자른다는 게 떨렸지만 《성경》을 가방
에서 꺼낼 때마다 행복해진다. 지하철 안이나 버스 안에서 읽어
도 좋고 얇아서 부피에 부담이 없다. 물론 서점에서 분철한 《성
경》을 판매하지만 자신이 읽었던 손때 묻은 《성경》을 분철하는
게 더 친근감 있을 것이다.

*분철《성경》만드는 법

(1)《성경》을 여덟 개로 나눈다.(종이가 얇으니 칼로 섬세하게)

(2) A4 크기의 낱장 비닐 파일을 《성경》크기로 자른다.

(3) 분리한 《성경》을 비닐로 씌운 뒤 스테이플러로 박는다.

(4) 책 가름대 만들기 : 폭이 좁은 리본테이프로 겉 장 맨 뒷면
    에 테이프로 고정한다.

(5) 폭이 넓은 투명테이프로 스테이플러 찍은 부분을 감싼다.

제15일

〈느헤미야〉1장~13장 〈에스더〉1장~10장 〈욥기〉1장~10장

《성경》통독의 고수들을 보면서 느슨했던 마음 자극 받기

《죽기 살기로 성경읽기》(규장)라는 책이 있다. 실체이신 하나님
을 만나기 위해 치열하게 몸부림치던 저자가, 말씀이 삶의 실체
가 된 이후 동시다발적으로 혹은 순차적으로 일어난 크고 작은
경험들을 고백한 책이다. 말씀을 읽은 뒤 저자는 미래에 대한 두
려움이 사라졌다, 일하는 방식과 형태가 뚜렷해졌다, 눈빛과 말
이 달라지기 시작했다, 사역의 지경이 눈에 띄게 넓어졌다, 내가
가진 것을 내놓는 것이 아깝지가 않았다, 등등의 고백을 한다. 가
난한 마음으로 《성경》을 붙잡은 바로 그 순간 치유와 회복의 역
사가 일어났다며 살기 위한 마지막 선택이 바로 말씀 읽기라고
했다. 어려움을 이겨내려고 백방으로 노력했지만 다 실패했고 오
직 치열하게 죽기 살기로 말씀을 읽었다는데, 말씀 앞에 서는 것
을 주님이 주신 마지막 기회로 생각하고 죽기 살기로 《성경》을

읽어보면 어떨까.

이 책의 저자처럼 '나는 그동안 말씀을 어떤 가치로 여기며 살아온 것일까?' 고민하며 오늘 말씀을 편다. '죽기 살기로 치열하게 말씀 앞에 서기!' 이 책의 저자는 말한다.

"40일만이라도 죽기 살기로 읽어라! 《성경》 읽기는 단순한 책 읽기도, 몰입할 수 있는 취미 생활도 아니며 말씀 앞에 직면하고 말씀이 실체가 되는 것, 곧 받은 말씀이 삶의 결론이 되는 것이다. 말씀이 죽으라면 죽고 살라면 살고, 주님이 아무 말씀도 안하시면 그냥 기다리는 것 외에 아무것도 하지 않는 것 말이다. 그러기에 온 마음을 다해 말씀을 읽지 않는 한 말씀 앞에 직면하는 것은 불가능하다. 조건없는 순종만이 요구되는 것이다."

40일간 죽기 살기로 치열하게 말씀을 읽어보라고 말하는 저자. 물론 세상은 말씀 읽을 틈을 허락하지 않을 것이고 분주한 일들이 더 생기고, 예상치 못했던 일들도 생길 것이다. 하지만 두려워하지 않고 주님께 간절히 나아가면 복음의 능력과 비밀이 드러나게 될 것이다. 그리고 어느새 치유되어 있는 나, 변화되어 있는 나를 보게 될 것이다. 그리고 머지않아 저자의 고백이 나의 고백이 될 것이다. "결코 멈출 수 없는 사랑, 이 사랑을 지속적으로 맛볼 수 있다면 그 어떤 대가도 치르리라!"

제16일 〈욥기〉 11장~42장
말씀 읽기 싫은 날 대처하는 방법이 있을까?
말씀이 눈에 들어오지 않는 날, 읽을 수 없고 읽기 싫어도 그냥 읽어야 한다. 오늘 읽지 않으면 내일은 더 읽기 싫어질 것이다.
그래서 억지로라도 읽어야 한다. 말씀이 잘 먹히지 않아도 분량이
라도 채워야겠다는 아주 작은 약속을 지키듯 그냥 읽어야 한다.

제17일 〈시편〉1편~40편

시편의 경우- 표제에 대해 알고 읽기

〈시편〉의 많은 부분들은 음악에 맞추어 불려지던 찬송이기에
음악적 용어들을 알면 시편을 잘 읽을 수 있다.

* 깃딧 : 가드에서 유행한 노래 혹은 악기(시편: 8,81,84)

* 마스길 : 교훈시, 주의 깊은, 지적인. (시편: 32,42,44,45,52~55
,74,78,88,89,142)

특별한 절기에 불려진 교훈적이며 명상적인 〈시편〉

* 뭇랍벤 : 음악기호로 예상 (시편: 9)

* 믹담 : 죄를 속한다. (시편: 16,56~60) 다윗이 지은 시에 나오며
속죄의 시라고도 한다.

* 소산님 : 백합화. (시편: 45,60,69,80) 백합화 모양의 악기, 또
는 봄노래의 일종

* 셀라 : 올린다. 〈시편〉에 71회, 〈하박국〉에 3회 나온다.

* 스미닛 : 옥타브라는 뜻, 즉 한 옥타브 낮은 음을 말한다. 한
옥타브 낮게 연주되는 하프는 남성들의 목소리와 함께 연주
되었다.

* 식가욘 : 열광적인 노래(광시곡) 시기오놋의 단수형. (시편: 7)

* 알라못 : 처녀. 〈시편〉46편. 여성합창단, 높은 음을 내는 악기, 처녀들이 연주하는 악기를 가리킨다.

* 여두둔 : 찬양하라. (시편: 39) 다윗이 성전에서 찬양으로 봉사하게 한 레위인들을 말한다. 말하자면 여두둔이 찬양하도록 만든 노래라는 의미이다. 62,77편에서는 노래의 한 가지 방식(음조)으로 나온다.

* 영장 : 찬양대 지휘자. 특히 예배에 있어서의 음악지휘자를 말한다.

* 힉가욘: 음악기호 (시편 9:16). 이 지점에서 하프의 정숙한 소리가 나온다. (시편 92:1)

제18일 〈시편〉 41편~80편

〈사무엘상〉의 다윗의 상황과 〈시편〉을 나란히 읽기-'다윗의 시편'을 읽는 방법

〈사무엘상〉 19장의 다윗의 상황은 사울이 사람을 보내어 다윗을 죽이려고 그 집을 지킬 때인데 이 상황은 〈시편〉 59편과 연관이 있다. 〈사무엘상〉 21장에서 다윗의 상황은 아히멜렉 앞에서 미친 체하는 내용인데 〈시편〉 34편과 연관 있다. 〈사무엘상〉 22장은 에돔인 도엑이 사울에게 가서 다윗이 아히멜렉의 집에 왔다고 말하는 상황으로 〈시편〉 52편과 관련 있다. 〈사무엘상〉 24장은 다윗이 사울을 피해 굴에 있는 상황으로 〈시편〉 57편과 연관된다. 〈사무엘상〉 26장은 십 사람이 사울에게 다윗의 거처를 고자질하는 상황으로 〈시편〉 54편과 연관 있다. 〈사무엘상〉 27장

은 다윗이 가드에서 블레셋 인에게 잡힌 때로 〈시편〉 56편과 연관된다. 일반적으로 암송하며 좋아하는 말씀 구절은 전체 문맥과 이야기 속에서 이해되고 의미를 찾는 게 바람직한 것처럼 〈시편〉 역시 이야기를 알고 그 이야기 속에서 읽다보면 말씀이 주시는 강력함을 느끼게 된다. 다윗의 상황을 영화처럼 상상하면서 읽으면 다윗의 처절했던 심정을 깊이 느낄 수 있다. 그러면서 그 〈시편〉의 말씀들은 상상력과 함께 뼛속깊이 내 말씀으로 자리잡게 된다.

제19일 〈시편〉 81편~120편
핵심어 또는 주제어, 반복되는 단어 찾으며 읽기

설명들이 자세하게 나와 있는 《성경》을 보면 각 권마다 '핵심어' 설명이 있다. 핵심어는 그 책에서 많이 강조되어 나온다는 것으로 그 단어가 나올 때마다 형광펜으로 표시를 해가면서 읽으면 책의 주제도 쉽게 파악되고 강조점도 쉽게 알 수 있다. 나는 오래전부터 이 방법을 써왔는데 말씀에 집중하는 효과도 볼 수 있다. 예를 들면 〈잠언〉의 경우 지혜, 명철 따위의 단어들을 찾아내면서 읽는다. '지혜로운' '지혜'라는 말들은 '지식' '명철'이란 말들과 더불어 여러 번 반복된다. '여호와를 경외함'이라는 핵심 어구는 〈잠언〉에서 12회 넘게 찾아볼 수 있다. 〈전도서〉의 경우 '헛됨'은 37회, '해 아래'라는 말은 27회 사용했는데 이런 말들을 체크하면서 읽는 것도 말씀 이해에 유익하다. 〈시편〉 119편의 경우엔 176절까지 있는 '여호와의 율법, 여호와의 증거, 주의 도, 주의 법도, 주의 율례, 계명, 판단, 말씀, 주의 증거들의 도, 주의 법도들, 주의 규례들, 주의 교훈들' 등 말씀에 대한 다양한 표현들이 나온다. 이런 것들을 형광펜으로 표시해 가면서 읽으면 의미 파악이 쉽다.

제20일 〈시편〉 121편~150편, 〈잠언〉 1장~10장
듣는 《성경》 활용하기

낭독사가 읽어주는 듣는 《성경》의 장점이 무엇일까 몇 가지 생각해봤다. 첫째, 낭독사가 유창하고 정확하게 읽어주기 때문에 말씀의 일점일획도 빠지지 않고 대할 수 있다. 둘째, 눈, 입, 귀의 감각을 사용하므로 말씀에 대한 집중도가 높아진다. 셋째, 《성경》에서 발음이 어렵거나 낯설고 까다로운 지역 이름이나 사람 이름, 용어들을 낭독사가 유창하게 읽어주기 때문에 더 쉽게 느껴진다. 넷째, 《성경》을 갖고 다니지 않아도 주머니 속에 작고 가벼운 오디오 북을 휴대하면서 언제 어디서든지 말씀을 대할 수 있는 장점이 있다. 즉 흔들리는 차 안에서, 혹은 말씀을 앉아서 읽기 어려운 환자에게, 만원 지하철이나 버스에서 《성경》을 펼 수 없을 때 좋다. 다섯째, 눈이 어두우신 어르신들에게 특히 훌륭한 효도 상품이다. 오디오북의 크기는 예전 상품처럼 CD나 테이프가 아닌 오디오북인데 휴대폰보다 더 작다. 《성경》전체를 낭독하는데 83시간이라고 하는데 하루에 두 시간씩 들을 때, 41일이면 일독이 가능하다.

제21일 〈잠언〉 11장~31장, 〈전도서〉 1장~12장

《성경》 공부와 병행하며 말씀 읽기

말씀을 읽으면서 의문이 생기는 것은 《성경》 공부 시간에 질문해서 해결하고 예습할 때는 진지하게 말씀을 읽는다. 《성경》 공부 예습으로 수업에 더 집중할 수 있고 이해도 잘 되고 새록새록 기억이 나니 머릿속에 더 오래도록 남는다. 교회 《성경》 공부 수료 후에도 말씀을 읽을 때는 교재들을 병행해 읽으면 다른 새로운 교재를 찾아 읽는 것보다 좋다.

제22일 〈아가〉 1장~8장, 〈이사야〉 1장~ 2장

독서백편의자현(讀書百遍義自見), 성경백편의자현(聖經百遍義自見)도 가능할까?

독서백편의자현은 《삼국지》의 위략(魏略)에 나오는 말이다. 후한 말 '동우'라는 사람은 집안이 아주 가난하여 일을 하면서도 책을 손에서 떼지 않고 부지런히 공부하여 황문시랑(黃門侍郎) 벼슬까지 올라 임금님의 글공부 상대가 되었다. 그러나 조조의 의심을 받아 한직으로 쫓겨난다. 각처에서 동우의 학덕을 흠모하여 글공부를 하겠다는 사람들이 몰려들자 "나에게 배우려 하기보다 집에서 그대 혼자 책을 몇 번이고 자꾸 읽어보게. 그러면 스스로 그뜻을 알게 될 걸세." 하고 넌지시 거절했다는데서 유래한 말이다. 나는 이 유명한 고사를 읽으며 그렇다면 《성경》도 과연 그럴까? 백번 읽으면 저절로 알게 될까? 백 번을 아직 읽어보지 못했으니 모르겠다. 그런데 확실한 것은 말씀을 백번 읽을 만큼 사랑하고

가까이 하는 그 귀한 마음에 하나님께서 영감 주시고 깨닫는 은혜를 주실 것이라 믿는다.

제23일 〈이사야〉 3장~45장
《성경》 책을 거칠게 다루며 읽기

《성경》을 거칠게 다루라니, 경건하지 않다 말할 수 있다. 예전 어르신들은 《성경》을 곱게 지니셨다. 혹여 바닥에 떨어지거나 무엇이라도 흘리면 큰일 나는 줄 알았다. 그러나 《성경》에 열심히 표시해가면서 읽어보자. 《성경》 읽기에 작은 성취감을 누리고 싶어서 첫 번째 읽을 때는 기억하고 싶은 부분이나 은혜 받은 구절, 단어를 만나면 노란색으로 표시하고 두 번째 읽을 때는 분홍색, 세 번째 읽을 때는 연두색, 네 번째는 하늘색으로, 이렇게 몇 번 읽다보니 《성경》이 알록달록해진다. 알록달록 칠해진 색깔을 보니 첫 번 읽을 때 은혜 받은 것과 두 번째 읽을 때 은혜 받은 말씀이 다르다는 것, 그 반대로 은혜 받은 부분에서 또 은혜 받는 것을 알게 되었다. 두 번째 읽을 때 눈에 들어오지 않았지만 앞서 읽었을 때 색칠한 것을 보면서 지난번에는 이 말씀에 은혜를 받았구나 하면서 다시 말씀을 곱씹게 되니 유익이다.

그런데 이 '알록달록한 《성경》'에는 또 다른 비밀스런 문제가 있었다. 서너 번을 거듭 읽다보면 색색의 표시 때문에 말씀을 건성건성 읽게 되는 점이다. 색깔로 표시된 익숙한 말씀이라는 생각 때문에 내용을 읽지 않아도 마치 내용을 아는 듯이 대충 읽으려드는 나 자신을 발견한다. 그래서 2년 3년마다 열심히 알록달

록 표시해가면서 읽고는 새 《성경》으로 바꾸어버린다. 한 《성경》
만을 오랫동안 반복해서 읽다보면 그어놓은 밑줄, 메모해둔 흔적
이 말씀의 은혜를 반감시킨다. 적절한 시간을 두고 《성경》을 교체
하자. 말씀을 새롭게 대할 수 있고 낯설게 만나는 좋은 방법이다.

제24일 〈이사야〉 46장~66장 〈예레미야〉 1장~13장
60리 눈길을 걸어서 말씀 속으로 들어간다면

국어 교과서에 실린 양주동 수필 〈면학의 서〉는 독서의 즐거
움을 이야기한 수필이다. 자신의 인생체험을 바탕으로 독서의 즐
거움과 학문하는 자세를 역설한 이 수필은 '우수마발(牛溲馬勃)이
다 삼인칭야(三人稱也)'라는 유행어를 낳기도 했다. 작가 자신이 영
어를 독학하던 때의 일화를 소개해 놓았다. 10대 초반에 영문법
을 공부하다가 '삼인칭 단수'라는 말이 생경하여 답답함을 느끼
던 중, 어느 날 왕복 60리 눈길을 걸어서 선생님을 찾아가 그 뜻
을 설명 받고는 너무나 기뻐서 저녁밥도 잊은 채 밤새 그 내용을
"내가 일인칭, 너는 이인칭, 나와 너 외엔 우수마발이 다 삼인칭"
이라고 메모해 독서했다고 한다. 독서의 즐거움이든 깨달음의 즐
거움이든 발견의 기쁨이든 알아간다는 것, 그 과정은 정말 탐닉
할 정도로 매력적이다. 말씀도 그런 즐거움이 가득하다. 말씀 곳
곳에서 발견할 때 경탄하고 무릎을 치게 된다. 오늘 나는 그 은혜
를 기다린다. 60리 눈길을 걸어서 말씀 속으로 들어간다.

제25일 〈예레미야〉14장~39장

낡은 《성경》을 유산으로! 나의 사랑하는 책 비록 해어졌으나

찬송가 199장 〈나의 사랑하는 책 비록 해어졌으나〉 3절, 어머니가 읽으시면서 예수께서 고난당하시고 십자가에서 죽으신 일에 눈물을 많이 흘렸다고 했는데, 그렇다면 복음서 각 뒷부분은 눈물 자국이 선명하게 남아 얼룩덜룩해졌을 것이다. 찬송가 가사 속의 아이는 어머니의 낡고 눈물로 얼룩진 《성경》을 볼 때마다 어머니가 얼마나 주님의 말씀을 사랑했는지 알고 자신도 어머니처럼 말씀 따라 살겠다고 다짐할 것이다. 이 찬송가는 부르면 부를수록 행복해진다. 신앙의 아름다운 전승을 생각한다. 이 찬송처럼 아이를 무릎에 앉혀놓고 다윗의 이야기, 용맹스러운 다니엘의 경험, 유대 임금 다윗왕의 역사, 주의 선지자 엘리야가 바람타고 하늘에 올라가던 일을 읽어주고 들려주고 싶다. 어려서부터 들었던, 예전에 어머니가 들려주신 말씀이 이제는 눈에 환하다는 찬송가 속의 '어른이 된 아이' 그래서 어머니처럼 자신도 때때로 《성경》 말씀을 읽으며 주님 뜻 따라 살려 한다는 이 가사는 다른 것은 몰라도 말씀을 사랑하고 말씀대로 살려 애썼던 부모로 기억되고 싶은 부모의 꿈을 그려주는 것 같다. 그렇게 잘 자란 자식을 보는 것 같다.

내 손때 묻은 《성경》을 아이에게 물려주고 싶어서 말씀 페이지마다 작은 글씨로 묵상한 것, 《성경》의 배경 지식, 어휘의 의미들을 꼼꼼히 기록해둔다. 《성경》 한 권만 갖고서도 충분히 말씀을 깨달고 알 수 있도록. 아이에게 유산 대신 낡은 《성경》을 유

품으로 물려주겠다. 엄마가 소장한 수천 권의 책들은 버리겠지만 엄마의 손때 묻은 《성경》은 간직하겠지….

제26일 〈예레미야〉 40장~52장 〈예레미야애가〉 1~5장
소그룹에서 말씀 읽기를 격려하기

십사오 년 전 우리 교회는 주보에 매주 말씀을 몇 장 읽었는지 구역별로 표기했더랬다. 그 당시 내가 속한 구역도 열심히 말씀을 읽었다. 우리 구역을 빛내리라는 각오, 착한 경쟁심으로 졸음이 오면 한밤중에 찬물에 머리를 감고 양치하고 커피 마시고 그렇게 수선을 떨었다. 수험생도 아닌데 그때는 그런 열성을 다했다. 구역 예배 마치고 한 주에 각자 읽은 분량을 말할 때는 흥분의 시간이었다. 하지만 점점 시간이 흘러가자 한 사람 한 사람이 얼마나 많이 읽었는지 그 읽은 양보다 말씀을 마주한 일주일이 얼마나 행복했는지가 더 큰 의미가 있었다. 읽을 틈이 없어 한 장도 못 읽은 분이나 많이 읽은 분이나 서로에게 격려가 되고 자극이 되었다. 말씀 읽기에 자극을 줄 수 있는 소그룹에서 그런 격려와 자극이 있다면 좀 더 지속적으로 말씀 읽기에 흥을 돋우고 동기를 부여할 수 있을 것이다.

제27일 〈에스겔〉 1장~24장
가볍게, 진지하게, 발칙하게! 말씀으로 수다 떨기

글래이디스의 《여자들, 성경으로 수다 떨다》라는 책은 《성경》 공부 소그룹에 대한 책이지만 방법 면에서 소그룹 예배에서도 적용 가능하다. 작은 모임 셀 공동체에서 말씀으로 수다 떨 기회를 갖는 것인데 주일에 목사님께서 선포하신 설교 말씀을 갖고 묵상한 것, 실천한 것을 나누기도 하고 새로 초청하여 전도하려는 예비 새 가족에게 다가가 그들과 함께 《성경》을 펴고 둘러앉아 한바탕 말씀으로 수다를 떨고 나면 점차 견실한 말씀 모임이 이루어질 것이다. 은혜 받은 말씀을 나누고 생활에 적용한 것을 나누면 각박한 사회에서 위로와 친구를 얻는 기쁨을 얻고, 진리 안에서 풍요로운 교제를 이룰 수 있는 길이 될 것이다. 나 역시 소그룹에서 말씀을 나눌 때 서로 삶의 배경과 처지가 다른 각자에게 하나님께서 알맞게 진리를 적용하신다는 것에 놀라움을 느낀다. 말씀의 은혜를 나누면서 영원한 하나님의 진리가 삶에서 나를 어루만지신다는 것, 당연하게 여겨왔던 말씀들이 살아있는 말씀으로 삶을 전환시킨다는 것을 새롭게 느끼게 된다. 말씀으로 수다 떨기, 참 가슴 설레는 말이다.

제28일 〈에스겔〉 25장~48장 〈다니엘〉 1~12장
하루라도 말씀을 읽지 않으면 입안에 가시가 돋는다

'하루라도 책을 읽지 않으면 입안에 가시가 돋는다.' 사실 이 말의 출처는 안중근 의사가 아니다. '一日不書 百事荒蕪'. 송나라 때 서예가이자 화가인 황정견이다. 학자들도 안중근 의사의 것이라며 인용해왔고 모두가 그렇게 알고 있는데 상식의 위험성을 알려주는 한 예가 될 것이다. '하루라도 글을 쓰지 아니하면 모든 일이 황무해진다'는 말, 여기서 '하루라도'에 강조점을 두어 말씀

읽기가 이렇게 일상이 되게 하자.

제29일 〈호세아〉〈요엘〉〈아모스〉〈오바댜〉〈요나〉
《구약성경》을 시간 순서에 따라 읽어보자

《성경》을 책별로 순서대로 배열하지 않고 시간의 흐름에 따라 재배열해서 읽는 방법이다. 예를 들어 〈레위기〉의 경우 시간의 흐름이 없기 때문에 〈레위기〉의 배경이 되는 〈민수기〉를 읽으면서 〈레위기〉를 읽는다. 선지서도 선지자들이 활동했던 〈열왕기상〉〈열왕기하〉와 함께 읽는다. 〈시편〉의 경우 다윗과 관계있는 것들은 〈사무엘상〉〈사무엘하〉와 함께 읽는 방식이다. 〈출애굽기〉 뒤에 〈레위기〉를 건너뛰고 먼저 〈민수기〉를 읽는다. 왜냐하면 〈출애굽기〉 뒷부분에 성막 기술자들의 공사 착공과 완공이 나오는데 그 다음 이야기 〈민수기〉 9장 15~23절 성막을 덮은 구름 부분을 읽게 되면 스토리가 자연스럽게 이어지기 때문이다. 이 시간 흐름에 따라 읽다보면 말씀이 얼마나 재미있는지 시간 가는 줄 모른다. 이렇게 대여섯 번 읽다 보면 《성경》의 흐름을 쉽게 파악할 수 있다.

제30일 〈미가〉〈나훔〉〈하박국〉〈스바냐〉〈학개〉〈스가랴〉〈말라기〉
말씀을 읽을 수 있다는 게 바로 은혜임을 알기

4년 전인가 〈이사야〉를 읽다가 문득 국어사전을 처음부터 끝까지 한번 읽어야겠다는 생각이 불현듯 들었다. 오래전부터 꼭 해보고 싶었던 참에 하루에 꼬박 두세 시간씩을 들여서 2700여 쪽

짜리 사전을 읽어치웠다. 깨알같이 작은 글씨들에 파묻혀 《성경》
은 덮고 사전읽기에만 골몰했다. 역사, 사회, 철학, 과학, 문화,
법률 등 흥미로웠다. 7월 중순부터 시작해 11월까지 꼬박 사전
을 읽었다. 국어사전과 이렇게 사랑에 빠진 이후 《성경》 말씀으
로 돌아가려고 순서대로 〈예레미야〉를 폈다. 그런데 말씀이 읽혀
지지 않는다. 넉 달 동안 읽지 않았던 말씀을 읽으려니 눈에 안 들
어오는가 싶었다. 그런데 다음날도 그 다음날도 말씀이 읽어지
가 않는다. 읽을 수 없는 게 아니라 읽어지지가 않는다. 넉 달 동
안 국어사전 읽다가 돌아왔을 뿐인데 왜 《성경》 한 장도 읽을 수
없는 것일까. 사흘을 〈예레미야〉 1장을 펴고 읽기를 애쓰다가 덮
어버리고 또 덮어버렸다. 나흘째 되던 날은 《성경》을 펴놓고 억
지로 읽으려 하다 그만 울어버렸다. 며칠 동안 말씀 읽기를 실패
하면서 말씀은 내가 읽는 게 아니라 주님께서 읽도록 이끌어주시
는 것을 알게 되었다. 〈예레미야〉 1장을 일주일 만에 겨우겨우 읽
고는 드디어 《성경》 말씀 읽는 감각(!)을 되찾았다.

리처드 포스터가 기도의 근육 만들기를 말했듯이 말씀 읽기도
근육을 만들어야 한다는 것, 말씀은 가랑비처럼 지속적으로 조금
씩 매일매일 읽어야 한다는 것도. 말씀을 때론 지겨워하는 게 얼
마나 무서운 교만인지를 알게 되었다. 그 생각을 하면 지금도 두
렵다. 하나님이 낯설게 느껴졌던 시간, 하나님께서 말씀하시는데
귀를 막고 듣기 싫어하는 내 모습을 보았다. 오늘도 여린 풀이 작
은 바람에 살랑거리듯 마음과 양심에 말씀의 바람이 나를 흔들기
를 소망한다. 말씀 자체를 대면하고 말씀 앞에서 내 마음을 열 수

있다는 게 은혜임을 오늘도 절절히 느낀다.

제31일 〈마태복음〉 1장~10장

3일 동안 예수님의 생애 4복음서를 흐름 따라 읽기

《구약성경》 읽기처럼 4복음서도 시간의 흐름에 따라 그렇게 읽어보자. 예수님의 사역의 시간 흐름을 따라 파악하며 읽는 것으로 조병호 목사의 시간 순서에 따른 《성경》을 이용하면 좋다.

제32일 〈마태복음〉 11장~28장, 〈마가복음〉 1~16장

말씀 읽을 시간 없네! 정말?

오래전에 어느 교회 청년부 회지 한 구석에 있던 〈성경 읽을 시간 없네〉라는 글이다.

월요일, 월래 바쁜 날, 출근하니 일이 쌓여있군. 당연히 《성경》 읽을 시간 없네.

화요일, 화나는 일 있어 그 일부터 해결하려니 도무지 《성경》 읽을 시간 없네.

수요일, 일주일의 한가운데 수요일, 환장하게 바쁘네. 오늘도 《성경》 읽을 시간 없네.

목요일, 목구멍이 포도청, 밥 먹고 살려니 바빠서 《성경》 읽을 시간 없네.

금요일, 금쪽같은 시간이 가네, 어서 일 해야지, 도대체 《성경》 읽을 시간 없네.

토요일, 토막 잠 자면서 회사에서 가져온 일 끝내야지.

아 벌써 내일은 주일, 《성경》 읽을 시간 없네.

《성경》 읽기는 시간이 많다고 해서 가능한 일이 아니다. 우선 순위를 어디에 두는가에 있다.

제33일 〈누가복음〉 1장~24장
연애편지 읽듯이 말씀 읽기

현진건의 단편소설 〈B사감과 러브레터〉의 B사감, 이중성격의 냉정한 사람이지만 기숙생들에게 온 러브레터를 펴들고 혼자서 말하고 웃고 울면서 사랑하는 남녀를 연기하는 모습은 모두가 기억하는 명장면이다. 사랑하는 사람의 편지는 한 글자도 헛되이 할 수 없다. 한 글자도 빠뜨림 없이 읽고 또 읽을 만큼 소중하다. 설레고 흥분된 마음으로, 그리워하는 마음으로 읽게 된다. 하나님께서 우리에게 보낸 러브레터 《성경》, 하나님께서 우리를 얼마나 사랑하시는지 아끼시는지 주목하시는지, 사랑하기 위해 어떤 일들을 하셨는지 《성경》을 읽을 때 느끼게 된다.

이와 반대로 연애편지를 보낸 하나님의 처지에서는 또 다르다. 사랑하는 여인에게 사랑고백 담긴 메일을 보냈다고 하자. 당신을 얼마나 내가 사랑하는지, 어떻게 사랑하는지, 그 깊은 마음을 담은 메일. 그런데 메일을 받은 그녀는 답장은커녕 도무지 메일을 열어보지 않는다. 메일을 보낸 그는 답답해할 것이다. 제발 내 마음을 표현한 메일 좀 읽어주기를, 나를 읽어주렴, 내 마음을 읽어주렴, 간절할 것이다. 메일의 기능 중 '수신확인'에서 하나님의 마음을 헤아려보자. 스팸메일의 홍수 속에서 단 한 장의 진실한 '사랑 고백'이 담긴 메일을 우리에게 보내신 하나님. 그런데 바쁘다는 핑계로 가치 없는 일에 떠밀려 스팸메일 더미에서 헤매느라, 세상의 잡다한 소리에 귀 기울이느라 하나님의 러브레터를 외면한다면 하나님은 얼마나 속상하실까.

오늘도 하나님은 '나를 읽어주렴. 내 러브레터를 제발 읽어주렴' 간절히 바라실 것이다. 특히 복음서 그리고 《구약》의 선지서를 읽으면 하나님의 사랑의 마음을 더 깊이 느끼게 될 것이다.

제34일 〈요한복음〉 1장~21장, 〈사도행전〉 1~13장
《성경》 해석은 저자 직강을 들을 것

《성경》의 저자는 하나님. 모세오경의 저자는 하나님이시며 모세는 단지 하나님의 말씀을 받아 기록한 기자일 뿐이다. 〈마태복음〉도 그렇다. 기자는 작가와는 확연히 다르다. 《성경》의 저자이신 하나님께서 내 마음을 밝혀주지 않으시면 아무리 《성경》을 많이 배우고 통독한다 해도 《성경》 해석은 닫혀있을 것이다. 존 스토트는 '《성경》을 깨닫는데 교만보다 더 큰 장애는 없다. 겸손보다 더 필요한 조건은 없다'고 했고 토마스 아퀴나스도 '《성경》에서 어려운 구절을 만나면 기도하며 금식' 했다고 한다. 루터는 '열심히 기도하면 《성경》 연구의 절반이상은 끝난 것'이라 했다. 그러나 성령 하나님께서 감동주실 것을 바라며 저자 직강을 듣는다 해도 수강하는 학생들이 집중해서 열심히 더 기울일 때 최선의 수업이 되는 것처럼 두 가지가 충족된다면 말씀과의 최고 만남이 이루어질 것이다.

제35일 〈사도행전〉 14장~28장 〈로마서〉 1장~16장
〈사도행전〉부터 〈요한계시록〉까지 시간의 흐름에 따라 읽기
〈사도행전〉은 바울 서신서들과 함께 읽으면 배경 속에서 이해할 수 있다. 〈사도행전〉을 읽을 때는 바울의 선교여행 지도가 필수다. 조병호 목사의 책 참고하기.

제36일 〈고린도전서〉1장~16장 〈고린도후서〉1장~13장
《성경》의 이야기를 다른 사람에게 들려주기
내가 사랑하는 작가 유진 피터슨 목사를 처음 만난 건 《다윗, 현실에 뿌리박은 영성》을 통해서였다. 그는 다윗의 파란만장한 인생 이야기를 갖고서 구체적인 현실 가운데 하나님과 동행하는 영성을 발견한다. 《성경》 속의 다윗 이야기를 기초로 한 작가의 탁월한 문학적 상상력이 돋보이는 책으로 기억한다.
유진 피터슨은 어려서부터 어머니께 다윗의 이야기를 늘 들어왔다. 그렇게 이야기를 들으며 신앙적으로 생각하는 방법을 알게 되고 신앙적 상상력을 훈련시켰다고 한다. '이야기'는 하나님의 계시가 주어지는 가장 주된 통로이며 성령님께서 가장 좋아하시는 문학 장르다. 《성경》은 처음부터 끝까지 이야기로 이루어져 있다. 《성경》을 즐겁게 읽으려면 이야기로 만들어서 다른 사람에게 들려주자. 드라마나 영화 속 이야기를 엮듯이 《성경》 이

야기를 들려주는 것이다. 마치 내 이야기를 하듯《성경》의 이야기를 내 입말로 풀어내면서 머릿속에 자리 잡은《성경》이야기의 구조와 틀을 기억해 전해보자.《성경》속 이야기가 오래오래 기억에 남을 것이다.

제37일 〈갈라디아서〉〈에베소서〉〈빌립보서〉〈골로새서〉

《성경》읽기와 전도는 관계가 있을까?

지하철에서《성경》을 읽는데 60대쯤 돼 보이는 여자 분이 다가오더니 지하철에서도《성경》책 읽는 것 보니 그 교회 정말 훌륭한 교회인가보다 하시면서 자신의 손 전화를 내미셨다. 내 전화번호를 찍어 달라 하신다. 조카가 지방에 살다가 방학동으로 이사를 왔는데 마땅히 섬할 교회가 없어서 고민하고 있다면서 내가 다니는 교회를 소개해달라신다. 나는 단지《성경》을 읽으려 말씀을 펴들었을 뿐인데 이런 일도 다 있다니.

제38일 〈데살로니가전서〉〈데살로니가후서〉〈디모데전서〉〈디모데후서〉〈디도서〉〈빌레몬서〉〈히브리서〉 1장~6장

국어공부를 하는 마음으로 말씀에 파고들기

국어공부도 말씀 읽는 일에 도움이 된다. 여기서 국어공부란 문장 분석, 음절, 어절, 형태소, 음운 같은 문법 공부가 아니라 국어에서 중요한 영역인 독해력을 말한다. 전자제품을 구입했는데 사용설명서를 이해할 수 없다면 제품을 제대로 사용하기 어려울 것이다. 국어공부에서 가장 핵심이라 할 독해력, 언어이해력, 이

능력을 향상시키려면 어떻게 할 수 있을까?

학생들에게 국어 선생님들이 자주 하는 말이 있다. "지문 속에 답이 있다, 문제 속에 답이 있다." 지문을 자세히 들여다보면 정답을 찾아낼 수 있듯이 말씀을 읽을 때 말씀 본문 속에서 '그러므로', '그러나', '그래서' 같은 접속사, 강조, 반복되는 용어나 비교되는 것, 비유되는 내용을 살피면서 읽는 것이다. 《성경》 말씀도 결국은 세상의 다른 책들과 다름없이 사람의 언어로 사람이 사용하는 문장 구조로 기록되었기에 일차적으로 이런 부분을 유의하여 읽어야 한다. 의외로 이 부분에서 건져 올리는 은혜도 크다. 예를 들면 〈잠언〉은 의인과 악인을 비교하며 읽는다든지 〈에스겔〉은 비유, 상징들, 해석을 눈여겨본다든지, 바울 서신은 앞부분에서는 교리, 뒷부분에서는 '그러므로'라는 접속사를 통해 실천을 말한다든지 등. 이런 것들을 자세히 관찰하는 마음으로 현미경을 대고 읽는다면 문맥과 문장, 단어들이 의미 있게 파악될 것이며 말씀을 자주 읽고 친해지다 보면 더 자주 발견하게 될 것이다.

제39일 〈히브리서〉 7장~13장 〈야고보서〉 〈베드로전서〉 〈베드로후서〉 〈요한일서〉 〈요한이서〉 〈요한삼서〉 〈유다서〉

요절 암송은 위험하다? 아니다. 말씀으로 승리하는 능력의 칼!

요절 신앙의 위험성을 말할 때 흔히 드는 예가 〈빌립보서〉 4장 13절 "내게 능력 주시는 자 안에서 내가 모든 것을 할 수 있느니라"와 〈욥기〉 8장 7절 "네 시작은 미약하였으나 네 나중은 심히 창대하리라"는 말씀이다. 이 말씀들은 배경과 맥락 속에서 이해하지 않으면 그럴 수 있다. 그러나 말씀 암송은 그 배경과 문맥 속에서 이해한다면 유익이 많다.

하나님 말씀 한 절 암송의 위력! 기억나는 추억이 있다. 〈누가복음〉 10장 19절 "내가 너희에게 뱀과 전갈을 밟으며 원수의 모든 능력을 제어할 권능을 주었으니 너희를 해칠 자가 결코 없으리라"는 말씀은 기가 죽거나 우울하거나 두려움이 엄습할 때, 로뎀나무 아래 엘리야처럼 죽고 싶을 만큼 힘들 때 이 말씀을 머릿속에서 자꾸 읊조리면 용기와 담대함을 얻는다.

신앙의 회의에 빠진 고등학교 1학년 때 구원의 확신도 없고 습관적인 신앙생활이 불만스럽고 특별히 회개할 만한 죄를 짓지 않았는데도 죄의식과 죄책감에 사로잡히게 만드는 하나님께 불만이 가득했는데, 학교 영어 선생님과 대화하면서 해답을 얻었다. 선생님은 구원의 확신과 죄, 용서와 자유함에 대해 암송하고 있던 말씀을 들려주시면서 내 고민에 정답을 주셨다.

선생님께서 만약 자신의 경험담이나 읽은 책 얘기나 지식으로 나를 설득했다면 그 힘이 미미했을 테지만, 선생님이 외워서 내게 들려주신 말씀은 정말 강력하게 다가왔다. 암송해서 내게 들려주셨던 말씀들은 〈요한일서〉 1장 9절 "만일 우리가 우리 죄를 자백하면 그는 미쁘시고 의로우사 우리 죄를 사하시며 우리를 모든 불의에서 깨끗하게 하실 것이요"라는 말씀과 〈히브리서〉 11장 6절 "믿음이 없이는 하나님을 기쁘시게 하지 못하나니 하나님께 나아가는 자는 반드시 그가 계신 것과 또한 그가 자기를 찾는 자들에게 상 주시는 이심을 믿어야 할지니라"였다. 말씀 암송은 믿음의 사람을 강력하게 붙들어주시는 능력이다.

제40일 〈요한계시록〉 1~22장
즐겁게 말씀을 읽는 40번째 방법, 새롭게 찾아보기

어떤 일이든 그 일의 원리와 특징에 따른 기술을 터득하면 그 일을 효과적으로 해낼 수 있다. 별 것 아니라도 사실 하려고 하면 쉽지 않고 만만치가 않다. 축구를 보는 것과 실제로 선수로 뛰는 것, 맛난 요리를 먹는 것과 하는 것 모두가 엉겁결에 이루어지는 것은 없다. 잡채 요리의 경우 잡다한 여러 채소들을 뒤섞는다고 잡채가 만들어지지 않듯 말이다. 축구도 원리와 기술을 터득해야 그 일을 잘 해낼 수 있는 것이지 열심히 운동장을 뛰어 다닌다고 해서 골을 넣는 것이 아니다. 《성경》 말씀을 읽는 것도 그와 같다. 효과적으로 《성경》을 읽기 위해서는 《성경》을 읽는 원칙과 거기에 따르는 기술을 터득하면 더 잘 읽을 수 있다. 《성경》이 영적인 책이기에 성령의 감동에 의지해야겠지만 《성경》을 읽는 '거룩한 기술'을 터득한다면 좀 더 즐겁게 놀라운 발견을 하면서 읽을 수 있다. 시중에 나와 있는 책들 중 《성경》을 읽는 여러 가지 기술과 방법을 소개한 것들이 많은데 그러한 방법들은 사실 모두에게 맞는 적용 가능한 방법은 아니다. 자신에게 맞는 방법이 있다. 내 경우 20여년 전부터 이 방법 저 방법을 시도하고 실천했지만 실패했다. 그러면서 얻은 것을 40여 가지로 정리해 보았지만, 다시 새 방법을 찾아가야겠다.

에필로그

책, 너는 사랑스럽구나

첫사랑, 그리고 다시 시작된 사랑 종로서적

중학생 시절의 지적 호기심과 열망은 숱한 세월이 흘렀어도 여전하다. 1982년 1월 겨울 방학, 청계천에 가면 책을 싸게 살 수 있다 하여 오른 서울 길. 헌책방 앞에서 어떤 책을 사야 할지 몰라 망설이다 교회 선생님이 알려주신 종로서적에 가게 되었다. 처음으로 큰 서점을 만났다. 층층마다 들어차 있는 책들이 신기했다. 며칠 전에 읽었던 《서양철학의 역사》에서 제목이 마음에 들어 기억하고 있던 쇼펜하우어의 《의지와 표상으로서의 세계》한 권을 샀다. 김홍도의 〈서당〉 그림이 그려진 회색빛 종이로 직원이 포장을 해준다. 종로서적을 그렇게 처음 만났다.

1907년 '예수서교회'라는 기독교 서점으로 출발한 종로서적. 오랜 역사를 지닌 그곳에서 난 늘 서성였다. 대학 때는 친구들을 만나려면 5층 문학코너 아니면 2층 기독교서적 코너에서, 전공서적 살 때나 혼자 놀 때도, 종로서적은 내 책장이자 놀이터였고 집이었고, 자랑이었다. 세월이 흐르면서 시스템과 인테리어, 위치

면에서 당시 최첨단 대형서점으로 교보문고가 생겨 종로서적을 찾는 사람들의 발길이 줄었지만 난 초라한 종로서적을 고집했다. 교보문고에서 신간과 참고할 도서 정보를 실컷 얻고 나서 불편을 감수하며 종로서적에서 책을 구입했다. 쇠락해가는 종로서적에 끝까지 사랑의 의무와 의리, 책임을 다하고 싶었다.

2002년 월드컵 전야제 5월 31일. 신문에서 아주 작은 쪽기사를 보았다. 셔터 문이 내려진 사진과 함께 '종로서적 최종 부도처리' 제목 밑에 몇 줄 안 되는 기사가 커다란 신문에 갓난아기 손등만하게 실렸다. 하루 종일 마음이 뭉개지고 망연자실. 월드컵 전야라고 명동에서 피자를 먹는데 머릿속은 온통 셔터 문 내려진 종로서적 사진만 어른거린다.

이튿날 이른 아침에 확인하러 종로서적으로 서둘러 갔다. 대로변의 문도, 책들을 운반하던 뒷 계단 문도 모두 닫혀있고 신문들만이 셔터문 아래 바닥에 쌓여 있었다. 논술교사여서 서점에 늘 들락거려야 했지만 그렇다고 박정하게 금방 교보문고로 갈 수는 없었다.

충격에 한동안 어느 서점에도 갈 수가 없었다. 종로서적 앞을 지나쳐갈 일이 있을 때는 일부러 마주하지 않으려고 애써 고개를 돌려보지만 가재미눈처럼 어느새 내 눈은 종로서적 자리를 향하고 있었다. 몇 번이고 나는 확인하고 또 확인했다. 문이 열리지 않는 그곳에서 이유 없이 한동안 서성거렸다.

2016년 12월 23일, 종로타워 지하에 종로서적이 다시 문을 열었다. 예전의 향취는 당연히 없지만 그저 다시 그 얼굴을 볼 수 있고 로비에 한자로 당당하게 나붙은 '鐘路書籍' 그 이름이 고맙다. 다시 그리운 얼굴 언제든 달려가면 만날 수 있으니 고맙다.

아껴둔 사랑 영풍문고(종로 본점)

내 마음의 피난처, 사랑스런 책방, 내 서재, 내 마음의 느티나무 영풍은 들를 때마다 충분히 쉼과 힘을 얻는 공간이다. 영풍에 오면 슬픔과 고통의 숫자만큼 책과 책 사이를 오가며 더 깊이 빠져든다. 영풍문고의 큰 매력은 좋은 책들이 선별되어 있다는 것. '선별'이란 표현도 약하다. '성별'이 맞다. 인문분야와 기독교분야, 사회과학 분야에서 좋은 책을 고르고 싶거나 조언을 해 줄 마땅한 이가 없을 때는 영풍을 찾으면 된다. 특별히 인문과학 코너에 가면 팔리기를 기다리는 책이 아니라 엄선된 격조 높은 책들을 평대에서 마주한다.

다른 서점에서는 판매가 저조하고 독자들의 관심에서 사라진 책들을 매대에서 재빨리 내려 서가에 꽂아두지만 영풍은 그렇게 하지 않는다. 좋은 인문서적들을 그래서 늘 영풍에서 만났다. 영풍은 신간의 죽음, 책의 죽음이라고 말하는 책꽂이 직행을 쉽게 결정하지 않는다.

에스겔이 본 성전 환상의 뜰에 깔려있는 박석들처럼 아름다운 꽃잎처럼 깔려있어 한 권도 지나칠 수 없는 책들이다. 고맙다. 상업성이나 인기와 흥미와는 관계없다는 듯이 팔리지 않아도 좋다는 듯이 자부심, 자긍심으로 버티고 있는 책들이 영풍문고에는 늘 있다.

특별한 수준의 책들을 보는 호사를 한껏 누리고 싶을 때, 인문 분야 북마스터가 구별하여 펼쳐놓은 책들의 진한 맛을 느끼고 싶을 때 난 이곳을 찾는다. 나의 영웅 영풍문고, 힘겨운 시간에 자랑스러움으로 내 곁에서 책으로 무겁게 말 걸어주고 나란히 서 있던 곳, 아껴놓은 사랑스런 서점이다.

마지막 사랑 교보문고(광화문)

2002년 5월 31일 허무하게 종로서적을 잃고 상실감에 빠진 나를 교보는 갑절의 안식과 기쁨으로 채워주었다. 이제 내 삶의 한 부분, 내 삶의 한 공간이 되었다. 설렘으로 책장을 넘긴 소중한 책읽기의 시간들, 힘들고 무거운 마음을 안고 영혼만큼은 가벼이 찾아간 책방, 하루 종일 서서 책을 읽으며 행복하다. 이곳에만 오면 언어조차 상실한다.

내 마음의 지성소에 들어온 듯 마음의 신발을 벗고 안으로 안으로만 침묵해버린다. 마음이 편안해지지만 한편 머리는 바쁘게 움직인다. 이곳에서는 친구를 만난다거나 약속조차 하지 않는다. 그저 이곳에 오면 정결한 마음이 되어 조용히 소박한 마음으로 지식을 탐구하는 탐색자가 된다.

내게 정말 많은 것을 주었던 책방, 고마운 책방, 사랑스런 서재다. 어떨 땐 딱 한 시간만 보고 일보러 가야지 하다가도 책들이 가슴팍에 깊이 들어와 말을 걸어 교보문고의 공기를 거절할 수가 없다. 그렇다고 언제나 책이 잘 읽혀지는 것은 아니다. 단지 책이 좋아서 신간을 들여다보며 산책하듯 책의 숲을 무심히 거닐 때도 있다. 이것저것 기웃거려본다. 눈이 뻑뻑하다. 피곤하지만 이곳에 단지 오래오래 머물고 싶은 마음, 그 욕심만이라도 채우고 싶은 날도 있다.

보통 월요일에, 오픈 시간인 9시 반부터 5시까지 서서 책을 읽는데 폐점 시간인 밤 9시 55분 청아한 여가수의 목소리로 부르는 Time to say goodbye를 들으려 버틸 때도 많았다. (이 곡은 교보문고 자체에서 만든 곡이란다) 교보문고에서의 시간은 한마디로 '무인도에 표류하거나 체류하는 시간.' 어느 누구와도 말하지 않아도 되고 눈을 맞추거나 기분을 살피거나 표정 관리를 하지 않아도 되는 시간, 책하고만 얼굴을 마주하면 된다.

그저 나 자신이면 되는 시간, 가장 평안을 누리는 공간, 그래서 사명처럼 달려온다. 피곤한 눈으로 사명처럼 책을 힘들게 읽어내야만 하는 날에는 자식들 먹여 살리시려고 늘 피곤에 찌들어 사시던 아버지의 충혈된 눈이 떠오른다. 중압감의 물방울이 후두둑 눈에서 떨어지면서 천상의 빛깔과 향기도, 하늘의 신비한 언어들도 점차 까마득하게 잊혀져간다.

그저 욕심스럽게 책만을 먹고 또 먹어치운다. 먹어도 먹어도 배고파서, 그렁그렁한 눈으로 읽어내는 책들, 부연 창문 닦아내지 않은 채 먼지 쌓인 거울 닦아낼 기력조차 없이 책을 먹어 삼키려고 외로이 애처(愛處)에 서 있는 것이다. 책 숲을 거닐면서 잃어버렸던 생각, 잃어버릴 뻔했던 지식에 대한 사랑과 열망들, 희미한 생각 한 줄기, 그림자를 찾는다. 오래전 땅속에 나뭇가지로 새겨 넣어두었던 글자를 찾듯이….

인터넷 상에서 클릭하여 시간을 아끼고 손 쉽게 구입할 수도 있지만 서점에 서서 고르고 고른 책들을 한아름 끌어안고는, 머리에는 밤하늘을 이고 집으로 돌아오는 시간은 참 행복하다.

책장을 덮으며

5년 전 한 해 천 권 책읽기 독파를 결심했다. 그 해에 850권 정도를 남독했다. 그해를 그렇게 보내면서 책들이 지닌 권위와 위대함이 내 안에서 빛을 잃었다. 이제 책은 특별할 것도, 저자라고 해서 위대할 것도 없다. 책은 그저 벗이고 파트너이고 누구나가 쓸 수 있는 것이고 심지어는 읽다가 집어던질 수도 있는 하찮은 것이기까지 했다. 또한 책은 어려워서도 현학적 지식을 자랑하는 것이어서도 안 된다. 자신의 인지도에 편승해 쓰레기 같은 책들을 마구 만들어내는 문화공해가 안타깝기까지 했다.

이제 욕구불만을 채우기 위한 독자, 먹어치우는 소비자가 아니라 진정한 독자로 책을 대하게 되었다. 마음을 푹 떠서 내 서재의 책들을 솎아내고 덜어내 버리고 미친 듯이 책을 읽어버린 후 마음이 도리어 가벼워졌다. 이제야 책이 위대하기만 한 것이 아니라 책 속에서 노는 즐거움을 누리게 되었다. 여전히 독서가 행복하기만 한 것은 아니다. 그동안 올무와 가시 덕분에 책과 사랑에 빠졌는데 그 사랑은 고통이 없지 않았다. 진정한 독서는 고통을 준다. 나 스스로에게 시위를 겨누기 때문이다.

이 책을 마치며 로맨티스트였으나 불행하게 생을 마감하고 주님 품으로 서둘러 달려가신 외삼촌 생각이 났다. 아픈 시간을 외롭게 버텨낸 외삼촌이 그리워지는 날이다. 책이 나에게 말을 걸어주었듯이 나도 그분께 말을 걸어드릴 수 있었을 텐데 난 그러지 못했다. 고단한 내 삶에 책이 말을 걸어주어 수심에 가득한 얼굴이 그나마 펴졌듯이 누군가에게 책이 되어 말을 걸어주겠다. ‡

어느 평신도의 책읽기

맹성숙 지음
초판 1쇄 발행 2017년 9월 9일

펴낸이 김영조 **펴낸곳** 달팽이출판
등록 2002년 2월 28일 제 406-2011-000065호
주소 경기도 파주시 탄현면 사슴벌레로 45번지 206-205
전화 031-946-4409 **팩스** 031-946-8005
이메일 ecohills@hanmail.net

ⓒ맹성숙 2017
ISBN 978-89-90706-40-9 03230

책값은 뒤표지에 있습니다.

산티아고
거룩한 바보들의 길

리 호이나키의 산티아고 순례기
리 호이나키 지음 | 김병순 옮김

당신의 순례가 내면을 밝히는 빛으로 충만하기를!

이 책은 지은이 리 호이나키가 65세 되던 해에 프랑스 남부의 국경 마을인 생장피드포르에서 피레네 산맥을 넘어 스페인 북부를 횡단하여, 중세 이후로 많은 사람들이 성 야고보의 무덤이 있다고 믿는 산티아고까지 800킬로미터에 이르는 카미노를 32일에 걸쳐 홀로 걸으면서 하루하루 느낌과 사색을 기록한 감동적인 자기성찰의 이야기다. 그의 사색은 종교적 감수성에 대한 역사적 고찰에서 현대 건축과 기술 발전에 대한 비판, 그리고 공간에 대한 신학적 이해에 이르기까지 그의 시각은 지금까지 어떤 산티아고 순례기에서도 볼 수 없었던 시간을 뛰어넘는 영적 통찰력을 보여준다.

......

무려 550쪽이나 되는 리 호이나키의 순례일기를 읽고 내 마음을 가득 채운 것은 다름 아닌 로사리오 기도였다. 매일 주어진 길을 따라 걷고 자고를 반복하는 단순한 여정에 무슨 할 얘기가 그리 많은가 하겠지만 그 안에는 1000년된 순례길에 얽힌 그리스도교와 스페인의 역사, 길 주변의 풍광, 리호이나키 특유의 문명 비판이 날실과 씨줄처럼 엮어져 있다. - 황대권

......

좋은 삶이란 무엇일까? 어떻게 하면 그렇게 사는 걸까? 이제 나 자신에게 묻지 않을 수 없다

......

길을 걷다 인간의 손길이 닿아 환경이 파괴되고 지형이 변한 곳들을 보고 이를 비판하는 정도는 사람에 따라 다를 수 있다. 이곳에서 땅을 밟으며 보낸 며칠 사이에 내면에 숨어있던 타고난 비판 본능이 꿈틀거림을 느끼기 시작한다. 인간들은 어떤 때는 경외와 존경하는 마음을 가지고 자연을 대하지만 어떤 때는 혐오스러울 정도로 생각 없이 자연을 파괴한다.

......

어둠 속에서 또 다른 빛을 본다. 이런 순간이 올 때마다 그것은 인생을 더욱 소중하고 의미 있게 만든다. 카미노라는 특정한 공간 속으로 더 깊숙이 들어가면 갈수록 그곳에 대한 깨달음의 울림은 더욱 커진다. 삶의 진실에 대해 더 많이 알게 되는 것이다 - 본문 중에서